HISTOIRE

DES

TROIS JOURNÉES

DE

FÉVRIER 1848,

PAR

Eugène PELLETAN.

PARIS

LOUIS COLAS, LIBRAIRE-ÉDITEUR, RUE DAUPHINE, 32.

1848

HISTOIRE DES TROIS JOURNÉES.

PARIS. — IMPRIMERIE DE FAIN ET THUNOT,
Rue Racine, 28, près de l'Odéon.

HISTOIRE

DES

TROIS JOURNÉES

DE

FÉVRIER 1848

PAR

Eugène PELLETAN.

PARIS

LOUIS COLAS, LIBRAIRE-ÉDITEUR,

Rue Dauphine, 32.

—

1848

L'œuvre des révolutions n'appartient ni à l'homme ni aux hommes. Elles surprennent, elles étonnent presque toujours autant ceux qui les ont faites que ceux qui les ont subies. Elles se préparent on ne sait dans quelles profondeurs mystérieuses, elles éclatent on ne sait à quelle heure. Elles s'élaborent vaguement, sourdement, dans les esprits et dans les choses. Ce qui aujourd'hui n'est qu'une espérance indéterminée, sera demain une révolution. C'est une vaste conjuration tacite où une époque entière se trouve impliquée; les premiers conspirateurs sont les rois eux-mêmes : poussés par une fatalité secrète, ils courent au-devant du flot qui doit les emporter.

Les révolutions, Dieu merci, existent toujours au fond de limbes inconnus. Comme les tempêtes, elles flottent dans les airs ; il suffit d'un coup de vent pour les accumuler aux flancs de l'horizon. Les rois y sont toujours trompés. Les événements, les hommes, toute une fantasmagorie officielle, toutes les formes extérieures de la puissance, les glorifient de leur grandeur. Ils comptent leurs armées, leurs flottes ; ils prennent l'opinion de ceux qui les entourent pour l'opinion de tous ; ils ont confiance dans le dévouement des tribunaux, dans la crainte des peines, dans l'égoïsme et la somnolence de certaines classes. Tout cela les couvre, mais, au jour dit, s'écarte brusquement, et laisse passer jusqu'à leur poitrine la main qui les frappe.

Eugène PELLETAN.

Revue indépendante, 1er février 1842.

INTRODUCTION.

§ I.

Nous essayons de raconter ces trois journées, parce que, mêlé aux scènes et aux acteurs de ce grand drame, nous avons pu en connaître toutes les péripéties. Nous ne venons cependant pas exagérer notre rôle, ni glisser subrepticement notre nom sous un rayon de la gloire du peuple. Notre part dans ce mouvement n'a été que de l'admiration. Nous ne demandons qu'à l'exprimer avec toute la sérénité, toute la sincérité qui conviennent à la majesté de l'événement.

1

§ II.

La révolution s'est consommée le 24 février, mais elle était déjà faite dans les esprits. Elle grandit le jour où M. Guizot monta au pouvoir. La question d'Orient venait de se vider. Par le fait de la coalition de l'Angleterre, de la Prusse, de la Russie et de l'Autriche, la France voyait révoquer ses titres de grande puissance. Elle descendait d'un degré dans la hiérarchie des nations.

L'opinion s'émut, le gouvernement arma, les fortifications s'élevèrent, et quand la fibre nationale fut partout irritée, le ministère se replia sur la note du 8 octobre, rappela la flotte du théâtre des événements, et après cet acte de condescendance à la volonté du roi, il tomba surpris et immolé au moment précis de sa faiblesse, pour qu'il emportât l'impopularité de sa faute dans les rangs de l'opposition.

De tous les bruits de guerre, de tous les armements, de tous les appels à l'indignation du peuple, il ne resta plus que l'abdication bruyante de la France et l'enceinte des fortifications, qui germait sourdement du sol, autour de la capitale des idées.

En prenant le portefeuille des affaires étrangères, M. Guizot acceptait une double commission :

La première, de comprimer l'irritation nationale, d'étouffer du pied la mèche qui fumait encore à terre, et de signer la déchéance définitive de la France dans les conseils de l'Europe.

La seconde, d'effacer le dernier vestige de la coalition. La coalition, si on veut la juger favorablement, pouvait être considérée comme une tentative de ressaisir, par la chambre elle-même, la vérité du régime représentatif. M. Guizot avait été l'âme, la parole, la colère de la coalition. Il s'était fait l'adversaire de la royauté pour lui substituer la prépondérance du parlement, et maintenant il rentrait au pouvoir pour subordonner le régime représentatif à la couronne.

Il arrivait ainsi aux affaires avec un double démenti à sa conduite de la veille, avec deux otages pris dans son passé qu'il donnait contre lui-même à la monarchie. Désarmé par ce désaveu tacite de ses opinions, pardonné, humilié, il s'était ôté d'avance tout pouvoir de modifier ou de rectifier la politique de Louis-Philippe. Sa situation devenait plus forte que son intelligence, plus despotique que sa volonté.

Or, en politique, les situations sont encore plus dangereuses que les doctrines; elles ont une logique irrésistible, qui entraîne même les plus grands talents à leur abîme.

Quelle était donc cette politique que M. Guizot se condamnait à toujours servir, sans halte, sans restriction, sans réticence ?

La voici :

Dès le premier jour où Louis-Philippe prit la couronne du front d'une autre dynastie, il s'était dit : Je suis monté au trône par la révolution, j'en tomberai par les forces mêmes de la révolution.

La garde nationale est une armée révolutionnaire, je bifferai la garde nationale. La liberté de la presse est une arme révolutionnaire, je la briserai par la fiscalité. Le jury est un tribunal révolutionnaire, je ferai nommer les jurés par les préfets. La justice est révolutionnaire par son principe d'égalité, je mettrai l'épée de mes vengeances dans les mains de la pairie. La maxime le roi ne gouverne pas est une maxime révolutionnaire, je réfuterai la maxime en achetant, à bureau ouvert, les élections des députés.

La monarchie de juillet se retournait ainsi contre toutes les idées qui l'avaient portée au pouvoir.

Son règne ne fut donc qu'une protestation cachée contre son [avénement,
un complot permanent contre la liberté.

En même temps que le roi retirait une à
une, toutes les forces vives de la révolution,
il ressuscitait toutes les traditions mortes
du passé. La cour était rétablie, l'étiquette
était reprise, la noblesse patronnée, l'ano-
blissement prodigué, la diplomatie exclusivement peuplée de gentilshommes.
Les grandes familles étaient circonvenues,
appelées, caressées, les défections récom-
pensées. Les corporations religieuses étaient
tolérées, la main-morte autorisée, les
prétentions ultramontaines encouragées.
Les princes, dérisoirement promenés un
seul instant à travers les grades inférieurs,
par une hypocrisie d'égalité, se trouvaient
subitement jetés à la tête de la guerre
et de la marine. La royauté, passant ainsi
par-dessus les intermédiaires responsables
du pouvoir, allait s'étendre comme un
réseau sur toute l'armée.

Et comme couronnement de cette politique de compression, elle élevait autour des flancs de Paris, une enceinte continue de forts détachés, pour faire parler de plus haut sa volonté par la bouche de trois mille pièces de canon.

§ III.

Non-seulement Louis-Philippe prétendait absorber toute la France dans sa dynastie et l'élever ensuite à de fantastiques hauteurs, au-dessus et en dehors de la nation, au sommet d'une pyramide sur deux ou trois étages de priviléges; l'isoler dans le vide de je ne sais quel moi royal, multiplié dans ses fils, dans quelques courtisans et quelques hauts dignitaires; mais encore il avait voulu modeler sa politique extérieure sur sa politique intérieure; aux alliances de liberté substituer les alliances de famille; mettre un gendre à Bruxelles, un fils à Madrid, et tenir ainsi, au bout du télégraphe, le cercle indéfiniment élargi de sa maison.

Il avait besoin surtout de rentrer en grâce auprès des monarchies de l'Europe et pour cela de faire taire derrière lui la révolution. Il voulait paraître roi aux mêmes titres, aux mêmes conditions, aux mêmes prérogatives que les autres rois. Il niait partout notre âme, notre force et notre cœur, quand cette âme, cette force, ce cœur éclataient en liberté autour de nous. Abandon de la Pologne, de la Suisse, de l'Italie, de l'Espagne lorsqu'il s'agissait d'y secourir la révolution. Intervention diplomatique ou armée en Italie, en Espagne, en Suisse, en Portugal, lorsqu'il s'agissait d'y étouffer la révolution.

Ainsi donc, en deçà comme au delà des frontières, Louis-Philippe n'avait qu'une ambition exclusive, instante, incessante ; arracher du cœur de la nation les idées, les espérances, les sympathies qu'un siècle y avait déposées, et en porter les lambeaux aux princes étrangers, comme la rançon de la monarchie de Juillet.

Son caractère d'ailleurs semblait trempé pour cette destruction par place et en détail de la démocratie. Esprit étroit, intraitable, irritable à la contradiction; confiant dans ce qu'il nommait sa vieille expérience, il avait le despotisme de ses idées. Homme d'un autre temps, élevé par une femme habile, uniquement pour cette vie d'habileté qui consiste à parlementer avec les circonstances plutôt qu'à les dominer; battu par la tempête pendant vingt ans, aigri plutôt qu'enseigné par le malheur, tour à tour persécuté et triomphant par deux causes, la révolution et la légitimité, il s'était habitué à concilier ces deux causes dans un même scepticisme.

Il s'en servait à tour de rôle, selon les besoins de la circonstance. Les principes n'étaient pour lui que les artifices de l'ambition. Ne pouvant s'élever, ni par éducation, ni par nature, à cette haute sympathie des aspirations du temps, qui est le vrai génie de la politique, il ne s'attachait qu'à nier les sentiments et les idées. Il ne voulait voir, dans la société, que des faits et des intérêts, jamais des doctrines et des convictions.

Soyons justes, cependant, cette erreur était surtout la faute de cette position exceptionnelle, excessive, que la souveraineté lui faisait. Le trône est la plus mauvaise place pour juger les autres hommes. Comme la monarchie tient dans ses mains toutes les faveurs, elle ne voit approcher d'elle que des candidatures. Elle ne connaît des hommes que leurs ambitions. Elle est aussi autorisée à croire que la nation tout entière n'est qu'une vaste collection de cupidités.

La vérité ne peut plus traverser cette atmosphère de mensonges officiels pour arriver jusqu'au souverain. Le souverain n'écoute pas, il parle; il ne discute pas, il dicte. L'approbation continue devient la pe mière forme de l'étiquette. La sincérité est une inconvenance.

De plus, en acceptant la couronne après la révolution de Juillet, Louis-Philippe ne pouvait se dissimuler par qui, comment, et de quelles mains il avait reçu cette couronne. Il l'avait évidemment reçue, dans un esprit de conservation, de la classe la plus directement intéressée à la politique de conservation. Il voyait dans la charte, dans la théorie, dans la pensée des hautes classes, la royauté posée partout comme une borne, et il croyait entrer dans l'esprit de son rôle, en repoussant toutes les innovations. Il en était venu à considérer l'immobilité comme la condition même de sa monarchie. Il croyait que toute réforme amène forcément une autre réforme, sans qu'il soit possible de s'arrêter ailleurs que dans une république, et, du haut de cette erreur, il regardait toute concession à l'esprit de l'époque comme une destitution partielle de la royauté.

Ainsi, son caractère d'homme, son caractère de roi, la situation qui lui était faite par la charte et par son origine, par

les théories de royauté constitutionnelle,
conspiraient à le précipiter dans cette politique de résistance.

§ IV.

M. Guizot pouvait sans doute, par ses
études et par ses antécédents, comprendre
le danger qu'il y avait pour la monarchie
à vouloir confisquer toutes les idées, toutes
les sympathies, toutes les destinées d'une
nation. Mais M. Guizot s'était retiré ce droit.
Il arrivait aux affaires, mutilé dans sa con
viction et dans son caractère. Il venait
payer en actes le prix d'une amnistie. Il ne
pouvait plus redresser la politique, il ne
pouvait que la servir. Il ne montait au
pouvoir que par le roi et avec l'appui du
roi, et s'il était tombé, où serait-il tombé?
Ce n'était pas assurément dans les rangs
d'une nouvelle coalition.

Sa politique lui était donc fatalement
dictée ; il dut soutenir par des moyens faux
une situation fausse. Il n'eut plus que le

choix entre le subterfuge et la corruption.

Il brise, en entrant au pouvoir, la coalition qu'il avait fondée. Il contredit dans son ministère la politique qu'il avait servie dans son ambassade. Il signe, pour entrer dans l'alliance anglaise, le droit de visite, et, pour garder le portefeuille, il désavoue sa signature. A Constantinople, il déclare le nouveau gouvernement de la Syrie contraire aux intérêts du Liban, et le proclame à Paris conforme aux intérêts de ce même Liban. Il prend l'engagement d'interdire la vente des offices, et il pratique lui-même cette vente à l'abri de son interdiction. Sous le coup d'un vote, il demande un sursis pour apporter de nouveaux documents et n'en apporte aucuns à l'expiration du sursis. A la veille des élections, il annonce une politique de progrès et rejette son programme le lendemain des élections. Il recherche l'alliance anglaise et la brise par le mariage du duc de Montpensier. Il dénonce à l'Europe la paix à tout prix et suspend sur la tête de la France une perpétuelle menace de guerre. Il repousse la guerre de Kabylie et l'autorise secrètement dans ses dépêches. Pendant sept années il n'enseigne à la France qu'à douter de la parole du pouvoir.

Le ministère tout entier suivait ce déplorable exemple ; M. Martin prend l'engagement de ne pas retourner, contre la liberté de la presse, une loi d'annonces, et sa loi à la main il supprime la plupart des journaux de province. Une autre loi réduit le nombre des auditeurs au conseil d'État, et en vertu de cette mesure M. Martin augmente le nombre des auditeurs, sous prétexte qu'il s'était trompé dans l'interprétation.

Lorsqu'on n'a pas, ou qu'on ne peut plus avoir une politique franche, avouée, patente, tirée d'une doctrine, d'une intuition des intérêts d'un pays, quand on a, au contraire une politique empruntée, imposée, une politique de derrière,

il faut bien la déguiser. Le mensonge chez
M. Guizot n'était donc que le mensonge
de sa situation qui montait à la tribune.

Il lui fallait de plus, dans une assemblée
douteuse, chancelante, inquiète de voir
ainsi rebrousser le véritable esprit, le véritable intérêt du pays, trouver de nouveaux
complices, étendre, fortifier ou ressaisir sa
majorité. Le ministère fit donc irruption
dans toutes les consciences, une prime à la
main ; les boules blanches furent achetées
non pas à prix d'argent — qui vendrait sa
voix pour un écu ? mais par des places lar-
gement rétribuées. L'opposition se vit dé-
cimée par le conseil d'État, la cour des
comptes et les parquets. La corruption
descendit du parlement dans le corps électoral. Les votes furent marchandés, ven-
dus, payés d'un privilége, d'un service,
d'une faveur. Le droit d'élire ne fut plus
qu'une exploitation, de compte à demi,
entre le pouvoir et l'électeur, de toutes les
ressources du pays. Le ministère vota,
comme l'avait dit Royer-Collard, par tous

les emplois, par toutes les faveurs qu'il
distribuait, et l'élection passa légalement
de la nation au gouvernement.

Vainement de rares enquêtes, énergiquement réclamées par l'opposition, non
moins énergiquement repoussées par le ministère, venaient dénoncer toute l'étendue,
toute l'intensité de l'épidémie. Le pouvoir
en appelait à sa majorité des scandales de
sa majorité.

La logique de la position était invinci-
ble. Elle emportait hommes et choses à
une inévitable conclusion. La politique du
ministère ne pouvait plus être que l'organisation systématique et savante d'une corruption qui allait du pouvoir au parlement, — du parlement au corps électoral,
— flottant, ondulant, et circulant ainsi sous
toutes les couches de l'administration. Le
poison était partout; les symptômes éclataient, soudains et terribles, dans les profondeurs du pouvoir. La France voyait,
réfléchissait et attendait.

§ V.

Les dernières fictions qui soutenaient le régime constitutionnel n'étaient pas toutes évanouies. L'illusion pouvait encore être permise. Mais les huit mois qui précédèrent la révolution ne devaient plus laisser de prétextes à la crédulité. Les scandales s'accumulèrent dans ce court espace de temps, comme pour donner à tous les esprits un dernier avertissement.

La France apprit que le ministère vendait les priviléges de théâtre, pour acquitter les dettes de ses condottiers de journaux ; qu'il laissait mettre aux enchères, par ces mêmes journaux, des projets de lois, dans des études de notaires, et n'osait ensuite poursuivre les audacieuses usurpations de son nom, sous le prétexte qu'il ne croyait pas aux faits, quand ces faits étaient avoués par les coupables eux-mêmes, par des témoins, par des tribunaux.

2

L'immoralité ne s'arrête pas là. A quelques jours de la session on apprend, par un mémoire d'un receveur particulier de Corbeil, que malgré la promesse formelle publiquement donnée devant les chambres, de ne plus autoriser la vente des offices, M. Guizot a fait offrir à deux candidats une recette générale et une recette particulière, à la condition qu'ils payeraient, à frais communs, la démission d'un conseiller de la cour des comptes, pour donner cette place de conseiller à un député. Et c'est à la porte du cabinet de M. Guizot, à l'insu du ministre des finances, que le marché a été ouvert, traité, conclu, et comme si cette affaire n'était pas encore assez immorale, il s'y mêle je ne sais quel vague parfum d'alcôve.

Et ce n'est pas tout encore. On trouve dans le dossier d'un procès la lettre d'un ancien ministre. Cette lettre est imprimée. On y lit ces mots : *Le pouvoir est dans des mains avides et corrompues.* Une enquête est poursuivie devant la chambre des pairs sur cette dénonciation, et cette enquête apprend que deux anciens minis-tres sont convaincus, l'un d'avoir vendu, l'autre d'avoir acheté une concession de mines, et tous deux disparaissent de la scène politique dégradés, sur leurs bancs de pairs, de la main de la pairie.

L'un d'eux, le plus coupable, ne croit pou-voir survivre à sa condamnation, se tire un coup de pistolet dans la poitrine et survit.

Une sorte de destinée tragique semble planer sur le ministère.

M. Humann entre un matin dans son cabinet et ne revient plus. On le trouve le front tombé sur un livre de prières. Il avait été foudroyé par une attaque d'a-poplexie.

M. Villemain est foudroyé aussi, mais pour revivre, et sur son masque morne, convulsif, il garde encore la trace de l'in-visible tonnerre qui a traversé son esprit.

Et, chose étrange, il sort de cette rude épreuve rajeuni, retrempé, remis en possession de tout son talent.

M. Martin du Nord disparaît emporté dans un mystère, sans que la conscience publique ait jamais pu savoir s'il était victime, oui ou non, d'une calomnie, car il est tel chuchottement à voix basse, fût-il véridique, qui doit s'arrêter devant un tombeau.

Enfin M. Bresson, ce ministre d'un jour, à travers les airs, sur l'aile du télégraphe ; cet ambassadeur intime de la maison d'Orléans, se promène toute une nuit, à Naples, dans sa chambre, à pas précipités, et tombe palpitant, dans les spasmes de l'agonie. Il venait de se couper la gorge avec un rasoir.

Les imaginations n'étaient pas, sans doute, assez ébranlées. De nouveaux coups sont portés dans les âmes. Le respect qui se retirait du pouvoir devait se retirer aussi de l'aristocratie assise à côté du pouvoir. Au milieu de l'été, dans un hôtel de la rue Saint-Honoré, un domestique entend, au petit jour, les secousses saccadées et rapides d'une sonnette. C'était la sonnette de la chambre où couchait sa maîtresse. Il y court, il trouve les portes fermées; il retourne sur ses pas, et de la cour de l'hôtel il aperçoit une colonne de fumée qui monte lentement au-dessus d'une cheminée. Cette cheminée est celle de son maître; ce qui brûle là à cette heure du matin, Dieu seul le saura. On pénètre cependant dans cette chambre à coucher si soigneusement fermée et on n'y trouve plus qu'un cadavre affaissé sur un fauteuil.

Ce cadavre, labouré de coups de poignard, est celui de la duchesse de Praslin, et son assassin est son mari, duc et pair de France, grand écuyer de la duchesse d'Orléans.

Il semblait que les hautes classes se fus-

sent réservé, dans cette triste année, le mo-
nopole du crime et de l'infamie. Un prince
vole des jetons, un comte de l'empire,
officier d'ordonnance du duc de Nemours
triche au lansquenet. La société, prise
dans ses hauteurs, est moralement déca-
pitée.

Aussi lorsque le peuple des faubourgs
vit passer, peu de jours après la condamnation des ministres, la longue file d'équipages qui portaient une foule titrée à la fête
du duc de Montpensier, il se mit à crier :
A bas les voleurs!

Ce cri fut le premier acte de ce que
M. Lamartine, qui nomme toutes les situations d'un mot, appela si énergiquement
la révolution du mépris.

§ VI.

La France était profondément ébranlée.
Elle se réveillait de son rêve de dix-huit

ans; elle doutait, elle essayait de se saisir elle-même dans sa propre vie, dans sa foi et dans son espérance, dans ce qu'elle avait voulu poursuivre et qu'elle n'avait pas atteint, depuis soixante années, par deux révolutions, à travers l'empire, la restauration et la monarchie de juillet.

Ce fut alors qu'un homme vint donner une forme à ce qui n'était que le vague instinct des esprits. Il dit : la France est la révolution. Elle veut encore ce qu'a voulu la révolution. La révolution s'est éclipsée un moment à nos regards. Cet interrègne de la démocratie vient d'un malentendu; il vient non des principes mais des crimes qui s'étaient frauduleusement mêlés aux principes. Séparons donc les principes des crimes, laissons tomber dans le temps ce qui appartient au temps, aux partis et aux passions; retirons de dessous l'échafaud et rendons à son immortalité la sainte idée, qui préexistait à la révolution, qui l'a enfantée et lui a survécu.

Brisant donc la pierre du tombeau et n'en laissant que les linges au fond, M. Lamartine ressuscita la révolution.

Son histoire alla porter dans tous les vents, sur toute la France, chez les humbles et les lettrés, les femmes et les enfants, la passion de la démocratie.

La révolution endormie dans le peuple se réveilla et se reconnut dans ses vraies tendances. L'électricité que l'on croyait éteinte dans la nation s'embrasa, au contact d'une seule étincelle. La voix de Dieu passa dans l'éclair du génie.

Le succès de l'*Histoire des Girondins* déconcerta beaucoup de prévisions. Nous l'avions prédit. Cette histoire était, en effet, la conscience de la nation, révélée à elle-même et révélée dans ce magnifique langage que j'appellerais volontiers l'héroïsme de la pensée.

Cependant à côté de M. Lamartine

d'autres historiens éminents parmi les plus éminents, soufflaient aussi sur les cendres de la révolution. M. Louis Blanc, esprit ferme, logique, résolu, méthodique comme un système, ardent comme une ferme conviction, jetait au peuple une langue vive, précise, éclatante, vibrante des plus nobles émotions de fraternité. Langue d'action autant que de pensée, de propagande autant que de démonstration, et qui retentissait, à coups précipités, comme le bruit des crosses de fusil sur le pavé des barricades.

M. Michelet aussi secouait la révolution toute brûlante sur la jeunesse des écoles. Pensée rêveuse et tendre ; fleur de solitude qui exhale au ciel de l'art une suave odeur de poésie ; intelligence prophétique toujours sur le trépied, toujours inspirée et frémissante des secousses de l'inspiration ; âme ardente, prédestinée, éperdue en Dieu, qui éclate en paroles brèves, sybillines, entrecoupées, arrachées et emportées de ses lèvres, en lambeaux, par le

vent qui souffle à sa face : homme de ten-
dresse, saint Jean de la Révolution.

Ces ouvrages si divers de formes furent
accueillis comme les missionnaires du moment. La France éternelle se recueillait et
se retrouvait dans les grands souvenirs de
son passé. Elle se pénétrait des exemples de nos pères, de leur courage et
de leur patriotisme. Elle apprenait à leur
école le secret de la délivrance. Une brise
se levait dans l'atmosphère, les miasmes
allaient être balayés.

§ VII.

C'est au moment de ce réveil du pays,
de ce retour à notre véritable tradition,
que naquit la pensée des banquets. Elle ne
vint pas de la volonté de tel homme ou
de tel autre homme, de tel parti ou de
telle fraction de la chambre des députés.
Elle ne fut pas un plan, elle fut un instinct. Les populations indignées et désaf-
fectionnées du pouvoir avaient besoin de

se toucher du coude, de confondre la profonde tristesse du pays, dans un même
épanchement. Le banquet fut dans tous
les départements le rendez-vous du libé-
ralisme. La protestation publique de la
France contre son gouvernement, publiquement exprimée, vint retentir à Paris,
du nord et du midi, du sud et de l'ouest,
et repartit se répandre en échos multipliés, portée par les journaux dans tous les
départements.

La pensée des banquets ne fut pas d'a-
bord comprise. On n'y voulut voir qu'une
agression, le verre en main, contre un
ministère. C'était plus que cela. De même
que la coalition avait été une tentative par
la chambre de ressaisir la vérité du système
représentatif, de même l'organisation des
banquets était une tentative par le pays de
ressaisir cette même vérité.

On ne pouvait plus se dissimuler
que, sous l'hypocrisie des formes constitu-
tionnelles plus ou moins scrupuleusement

gardées, nous avions laissé se reformer au profit de Louis-Philippe l'absolutisme de la vieille monarchie. Plus la politique du roi rebroussait l'opinion, plus cette politique grossissait sa majorité. La chambre ne sortait donc plus du pays, elle sortait du pouvoir. Elle ne représentait plus l'esprit public, elle doublait la royauté.

Le pays cherchait à reconquérir par les banquets le pouvoir qu'il n'avait pas aliéné, qu'il ne pouvait aliéner, de faire pénétrer son opinion dans les conseils du gouvernement. Il voulut, par une manifestation solennelle et irrécusable de l'état des esprits, faire crouler cet échafaudage de mensonge et de corruption qui masquait la politique personnelle du monarque.

L'avertissement fut dédaigné, les banquets se reproduisirent de tous côtés. Des appels brûlants à l'indépendance des électeurs allèrent réveiller de ville en ville

le sentiment de la révolution. Le ministère ferma l'oreille.

Il ne vit dans les banquets qu'une in-
trigue; il sourit d'abord et s'irrita ensuite
contre l'opposition qui en était la parole. Il avait été attaqué, il résolut de
rendre l'attaque, et il inséra dans le discours de la couronne un blâme contre les
députés qui s'étaient rendus à ces sessions
de l'opinion publique. Le blâme tomba de
la bouche du roi sur cent députés. Il devait
être relevé et fut chaleureusement relevé
par l'opposition.

Jamais les débats de l'adresse, depuis la
révolution de juillet, n'avaient été aussi
animés, aussi éloquents, aussi prolongés.
L'opposition sentait que l'âme tout entière de la France avait passé dans son sein
et devait parler, menacer, tonner par sa
bouche. Le débat s'ouvrit par des interpellations de M. Barrot, sur la simonie de la
vente des offices. M. Barrot fut pressant,
nerveux, indigné; il exposa nettement,

fortement le débat, de manière à ne plus laisser de place au subterfuge. M. Dufaure acheva l'argumentation.

M. Guizot, mal défendu d'abord par M. de Peyramont, se montra hautain, dédaigneux, s'étonnant des progrès inattendus qu'avait faits la moralité publique. Il ne voyait pas que la défense n'était qu'une immoralité de plus, car elle supposait qu'il n'existait pas de morale.

M. Guizot perdit, ce jour-là, sa vieille auréole de probité. On lui avait supposé jusqu'alors une certaine austérité. L'illusion disparut. Il en demeura frappé sur son banc comme d'un interdit. Malgré son affectation à réagir contre la honte secrète de ces débats, on voyait, dans son attitude plus voûtée et dans son port de tête plus languissamment jeté sur l'épaule gauche, qu'il portait le poids d'une invisible réprobation. Plus les débats de l'adresse se prolongeaient, plus l'audace augmentait du côté de l'opposition. La majorité, morne et résignée, comme si elle eût déjà la conscience de son abaissement dans l'opinion, ne rebondissait que faiblement sous l'aiguillon de l'attaque.

La politique extérieure du ministère, dans cette dernière année, était une trahison trop évidente des intérêts de la France pour que M. Guizot pût tenter une sérieuse justification.

M. Thiers eut bientôt, dans les deux plus admirables discours qu'il ait jamais prononcés, frappé, dénoncé, déchiré le système de la contre-révolution qui replongeait la France sous la servitude de la Sainte-Alliance. M. de Lamartine, dans une improvisation toute débordante de passion, de raison et de logique, fit rejaillir au grand jour cette politique exclusivement dynastique, gibeline à Rome, sacerdotale à Berne, russe à Cracovie, autrichienne à Turin, contre-révolutionnaire partout.

M. Guizot hésita, équivoqua, prétendit
avoir soutenu en Suisse et en Italie la
cause de la liberté, repoussant chez M. de
Lamartine les doctrines qu'il acceptait de
M. Thiers — bref, sentencieux, gêné, évidemment pressé d'échapper à la tribune.
Le temps d'ailleurs était aigre et froid, le
vent du nord mordait sur toutes les fibres.
La Seine charriait des glaçons. La chambre
était lasse, les poitrines étaient brisées. Presque tous les orateurs étaient malades, les
séances furent un moment interrompues;
on sentait que le règne de la tribune allait finir, et cependant les débats de l'a-
dresse n'étaient pas terminés. Chaque parti
avait la frayeur du scrutin, car le scrutin
c'était le dernier mot. Il y eut comme une
trêve entre deux actions.

§ VIII.

Une dernière question restait à vider:
c'était celle des banquets. La commission
de l'adresse avait transporté, dans le projet,
le blâme du discours de la couronne, et à

la suite de ce blâme la chambre fut ame-
née à traiter le droit de réunion.

Un comité du douzième arrondissement
avait projeté un banquet, et le ministère,
pour l'interdire, invoquait la loi de 90, qui
accorde aux municipalités le droit d'autoriser les réunions. M. Ledru-Rollin, dans une
improvisation logique, rapide et passion-
née à la fois, démontra la profonde incom-
pétence de cette législation exhumée pour
les besoins d'un abus de pouvoir. La discussion traîna quelques jours à la tribune,
dans toutes les arguties de la scolastique
judiciaire, sans qu'il fût possible d'ébran-
ler, d'un seul argument, la légalité des banquets. Aussi l'opposition, par la bouche
de M. Barrot, prit-elle l'engagement solennel de maintenir ce premier droit de tout
pays libre, malgré l'interdiction du ministère. M. Hébert ramassa le défi.

Ainsi le ministère allait jouer le sort de
la monarchie sur une équivoque de procé-
dure.

3

Le débat durait encore lorsque M. de Lamartine, malade depuis quinze jours, reparut à la tribune, et retirant la question du Bulletin des lois pour l'élever à sa véritable hauteur, il fit du droit de réunion le droit né de toute société. « Eh quoi ! dit-il, vous voulez mettre la main de la police sur la bouche du pays? » La chambre frémit ; puis quittant la tribune, pâle et brisé des efforts qu'il avait faits pour parler, l'orateur se tourne une dernière fois vers la majorité et lui jette ce prophétique avertissement :

« Écoutez un seul mot encore. Souve-
» nez-vous du Jeu de Paume. Or qu'était-ce
» que le Jeu de Paume et ses suites, mes-
» sieurs? Ce Jeu de Paume et le serment
» qui en sortit n'étaient que le droit de
» réunion disputé au pays. »

Une violente interruption couvre les paroles de l'orateur.

« Ces murmures ne m'empêcheront pas
» d'accomplir mon devoir de député; oui,
» le Jeu de Paume, je le répète, ne fut

» qu'un lieu de réunion politique fermé
» par des ministres imprudents et rouvert,
» par la main de la nation, à la représenta-
» tion outragée du pays. »

Vains efforts : un sourire d'incrédulité
passa sur la figure des conservateurs, et
M. Lamartine descendit de la tribune au
milieu de leurs murmures.

§ IX.

Cependant, sur ce paragraphe de l'a-
dresse, l'épreuve du vote par assis et levé
parut douteuse. La majorité, tout à l'heure
si compacte, se dissolvait sous le coup d'un
mystérieux pressentiment. On apporta
l'urne..... et l'urne, à la majorité de trente
voix, adopta ce paragraphe.

Le ministère était sauvé. La question
allait sortir de la chambre. Les députés de
l'opposition eurent d'abord la velléité de
donner leur démission, pour aller répandre
l'agitation dans les départements, mais

après une longue discussion cette plaidoi-
rie en seconde instance devant le pays fut
abandonnée.

Ce fut alors que l'opposition prit l'engagement d'aller au banquet du douzième
arrondissement. Cette grave détermination
fut longuement débattue.

Il y eut sans doute dans certaines parties
du centre gauche, des scrupules, des timi-
dités, ou des ambitions qui redoutaient de
se précipiter dans la résistance. Mais l'opposition ne pouvait retirer le défi qu'elle avait
jeté au ministère. Le banquet fut préparé,
le jour fut fixé au 20 février, le local fut
choisi dans la rue de Chaillot. Un comité
directeur, composé d'électeurs, de députés et de journalistes, fut nommé. Des notes
furent publiées à cet effet dans les journaux. Le rendez-vous, le départ, l'ordre
de la marche fut arrêté. Une convocation fut adressée aux jeunes gens des
écoles. Les gardes nationaux furent in-
vités à se rendre sans armes et par pelo-

tons pour protéger au besoin la manifestation.

Le ministère avait d'abord pris une attitude de neutralité. Il ne voulait recourir
à aucune violence, à aucune mesure pré-
ventive, à aucun déploiement de force armée, pour arrêter le banquet. Il se réser-
vait seulement le droit de faire constater
ce qu'il regardait comme un délit, par un
commissaire de police, uniquement pour
donner aux tribunaux une occasion de vider la question de légalité. L'opposition
avait accepté ce compromis.

Mais la veille même du banquet, le mi
nistère, prétextant de la convocation qui
avait été faite des étudiants et des gardes
nationaux, retira l'engagement tacite qu'il
avait pris avec l'opposition, et refusa aux
convives le droit de se réunir,

Cette nouvelle détermination est connue à la chambre dans la journée du lundi.
M. Barrot se précipite à la tribune; il in-

terpelle le ministère. M. Duchâtel déclare qu'il dissipera par la force armée toute tentative de banquet.

Le banquet est désormais un acte de rebellion. L'opposition est frappée de stupeur, et se retire en désordre chez M. Barrot pour délibérer. M. Thiers propose de s'abstenir devant l'intimidation. M. Barrot hésite, tergiverse, adopte l'opinion de M. Thiers, et entraîne avec lui la majorité des membres présents. Un groupe de dix-huit députés se refuse énergiquement à cette défection, et se réunit chez M. de Lamartine pour aller, la poitrine au vent, malgré les baïonnettes, maintenir les droits du pays.

Pendant qu'ils délibèrent, le préfet de police fait afficher à tous les coins de rues la loi contre les attroupements. Sa proclamation est déchirée en beaucoup d'endroits. Une sourde inquiétude s'empare de la population. La crise approche. M. Lamartine reste inébranlable dans sa résolution :

— La place de la Concorde dût-elle être déserte, et tous les députés dussent-ils se retirer de leur devoir, j'irai seul au banquet avec mon ombre derrière moi.

Il était minuit quand il prononçait ces paroles. A minuit et demi on vient lui apprendre que les commissaires avaient fait disparaître les préparatifs de la réunion, et qu'en se présentant au banquet M. de Lamartine ne trouverait qu'une porte fermée.

Le rôle de l'opposition finissait; celui du peuple allait commencer.

PREMIÈRE JOURNÉE.

―――▸◆◂―――

CHAPITRE Iᵉʳ.

§ X.

Depuis plusieurs jours, le gouvernement se préparait à la résistance. Les troupes étaient consignées; les casernes approvisionnées de vivres et de munitions. Des exercices étaient ordonnés dans les cours pour des engagements de rues; des haches, des pioches étaient distribuées aux compagnies d'élite et attachées derrière le sac, pour enfoncer les portes des maisons et détruire les barricades.

Un grand mouvement de troupes se faisait

dans Paris et autour de Paris. Les garnisons voisines étaient prêtes à marcher, et des caissons passaient continuellement sur les boulevards. Dans presque tous les quartiers, les régiments avaient été changés de casernes pour que le soldat fût dépaysé de ses relations.

L'ordre était donné à l'artillerie de Vincennes de se rendre dès six heures du matin, mèche allumée, à la porte Saint-Antoine. Depuis plusieurs jours, les artilleurs étaient occupés à fabriquer des gargousses, et cependant au milieu de ces préparatifs de guerre civile, à deux pas de ces pyramides d'obus, dans ce même fort de Vincennes, le duc de Montpensier donnait une soirée aux officiers d'artillerie pour faire passer sans doute, dans leur cœur, sa propre confiance.

Cette confiance, d'ailleurs, était naturelle : la royauté avait toujours battu l'émeute, en juin, en avril, en mai, à Lyon, à Toulouse, en Vendée. Elle avait prévu tous les coups de main, crénelé, fortifié tous les corps de garde, marqué à l'encre rouge toutes les mar-

ches et contre-marches de la troupe, toutes
les places qu'il fallait défendre ou abandon-
ner, tous les postes stratégiques, tous les
carrefours qu'il fallait occuper ou protéger
avec de l'infanterie, de la cavalerie ou du
canon.

Paris était organisé d'avance comme un
vaste champ de bataille ou plutôt comme un
guet-apens où l'insurrection devait à la première minute, être prise, enserrée, étouf-
fée, dans un réseau de baïonnettes.

Vingt-sept mille hommes étaient cantonnés à
Paris ; quarante autres mille hommes étaient
aux portes de Paris. Une garnison formidable
occupait Vincennes ; une autre garnison occupait le mont Valérien. Plusieurs batteries
d'artillerie pouvaient, au premier coup de
clairon, partir au galop de Vincennes et de
l'École militaire, et poussant devant elle une
colonne de flamme, balayer, en quelques instants, toute la ligne des boulevards.

Voici l'état officiel de la force armée qui
occupait Paris : trente-sept bataillons d'in-

fanterie; un bataillon de chasseurs d'Orléans;
trois compagnies de génie; quatre mille hommes de garde municipale et de vétérans;
vingt escadrons; cinq batteries.

Les ministres pouvaient donc être rassurés.
La nuit avançait, les groupes qui s'étaient
formés autour des proclamations du préfet
de police s'étaient retirés, la moitié des
becs de gaz était éteinte, la lumière des
rues baissait d'un degré. Paris dormait, et
dans ce silence du sommeil entrecoupé à longs
intervalles, d'un bruit de voitures et du pas
des patrouilles, les heures seules, ces voix
sévères du temps, parlaient dans l'air, s'appelaient et se répondaient du haut des clo-
chers.

En ce moment, des officiers d'ordonnance
enveloppés dans leur manteau parcouraient
à cheval les quartiers populeux du centre de
Paris, étudiaient d'un coup d'œil les diverses
positions, et après avoir trouvé partout le
calme sur leur chemin, ils rentraient aux
Tuileries pour y rapporter leurs propres illu-
sions.

§ XI.

Le jour parut, le ciel était sombre, le vent
soufflait de l'ouest, l'air était chaud, et dans
cette température visiblement détendue on
sentait nager l'électricité. La rue était calme.
Seulement, vers dix heures, une population
nombreuse descendait bras dessus, bras dessous des quartiers éloignés. Trois grandes
files de curieux roulaient tranquillement par
les trois grandes artères des quais, des boulevards et de la rue Saint-Honoré, vers la place
de la Concorde. Pas un soldat, pas un sergent
de ville, pas un uniforme ne se montrait aux
passants. Le pouvoir cachait partout sa main.

A dix heures les étudiants se réunissaient
sur la place du Panthéon. C'était l'avant-garde
de la révolution. Ils descendent la rue des
Grès en chantant la Marseillaise. Ils suivent
successivement la rue de la Harpe, de l'École
de Médecine, la rue Dauphine, le pont Neuf,
la rue de la Monnaie, et débouchent par la
rue Duphot, sur la place de la Madeleine. Ils
y trouvent une foule compacte, curieuse et
refroidie. Ils la traversent et l'électrisent en

passant. La Marseillaise leur répond de tous
côtés ; les âmes s'allument, des hommes du
peuple entrent dans les rangs des étudiants.
La colonne s'ébranle de nouveau., fait deux
fois le tour de la Madeleine et s'élance sur la
place de la Concorde.

Elle se dirige vers la chambre des députés ;
mais arrivée à l'entrée du pont, elle trouve
un peloton de municipaux qui croisent la
baïonnette.

La tête de la colonne s'arrête, mais l'é-
norme pression de la multitude la porte jusque sur les fusils.

Un jeune homme s'avance, déchire son
habit et ouvre sa poitrine : « Tirez, » dit-il.

Ce mouvement d'héroïsme touche les gardes
municipaux. Ils relèvent leurs fusils. La colonne passe. On n'aperçoit plus qu'une masse
noire, confuse et onduleuse de chapeaux res-
serrée entre deux parapets. Il s'élevait par
instant, du fond de cette foule, une sourde
clameur qu'une bouffée de vent apportait jusqu'à la chancellerie de la Légion d'honneur.

Le sombre courant roule toujours, à flots serrés, sur la chaussée du pont, va battre les soubassements du Palais-Bourbon, passe par-dessus la grille, saute sur les degrés du péristyle, déborde et rejaillit jusque dans les jardins environnants.

Les plus avancés avaient déjà pénétré dans les couloirs des tribunes, lorsque les portes de la caserne du quai d'Orsay, jusqu'alors fermées, s'ouvrent à deux battants et livrent passage à un escadron de dragons. Les dragons partent au trot, le sabre nu, arrivent sur la colonne, et au moment de charger remettent leur lame au fourreau. Ils passent immobiles et graves, se contentant de labourer l'attroupement du poitrail de leurs chevaux. Leur intention est comprise, le peuple crie : Vivent les dragons!

Les étudiants, coupés et dispersés par cette charge, se dissipent dans toutes les directions.

Un bataillon de ligne accourt au pas gymnastique sur la place du Palais-Bourbon. Il est précédé d'un commissaire de police, la loi à la main et la ceinture au côté. D'autres renforts arrivent. Deux pièces d'artillerie prennent position dans la rue de Bourgogne. De forts piquets d'infanterie et de cavalerie, dragons, chasseurs et municipaux viennent garnir les deux extrémités du pont de la Concorde. Le général Perrot, escorté de son état-major, passe au galop devant la porte de la chambre des députés.

— Vous pouvez être tranquilles, dit-il, au commandant du poste, le pont est gardé, les meilleures troupes de l'Europe ne sauraient le forcer.

La chambre des députés était en effet inabordable. Les députés se rendaient un à un à la séance, après avoir franchi une triple barrière de sentinelles, de grand'gardes et d'avant-postes. Les orateurs de la finance discutaient pacifiquement au milieu de l'inattention générale le projet de la banque de Bordeaux. Les préoccupations étaient ailleurs. Les députés entraient, sortaient, se groupaient ou se promenaient avec inquiétude dans la salle des Pas-Perdus. Quelques-uns s'étaient réunis sous la colonnade du fronton et sur les marches de l'escalier, du haut de ces gradins ils pouvaient embrasser d'un regard toute la place de la Concorde.

§ XII.

La pluie tombait par intervalles, des nuages lourds et bas chassés par le vent rasaient les arbres des Champs-Élysées, passaient par-dessus les Tuileries et allaient se perdre dans la direction de la ville, comme s'ils traçaient d'avance dans le ciel le chemin de l'insurrection.

Au pied du péristyle le pont et le quai étaient fermés, mais la place était couverte d'une foule compacte, massive et immobile. Quelques personnes étaient assises dans les vasques des fontaines. Au delà de la place de la Concorde, le regard apercevait encore sur la rue Royale, une houle tumultueuse de peuple, qui submergeait la base de la Madeleine.

Par moment, la foule de la place de la Con-

corde se mettait à bouillonner, et au-dessus
de ces remous de vagues humaines, on voyait
briller le casque des municipaux qui disper-
saient, le sabre au poing, les attroupements.
D'autres charges partaient au galop dans la
direction des Champs-Élysées.

Une vieille femme fut tuée, un homme fut
blessé. La foule se retira. La place fut évacuée.
Quelques hommes sautèrent dans les fossés.
Les fontaines, jusqu'alors muettes et fermées,
se mirent à jaillir et chassèrent les groupes
qui s'étaient réfugiés dans les vasques. Du-
rant les entr'actes de ce spectacle, le colonel
des chasseurs qui campaient devant la chambre des députés faisait jouer des airs d'opéra
à la musique de son régiment.

—Colonel, dit M. de Courtais, dans un
jour de deuil comme celui-ci, ces airs sont
indécents.

Le colonel fit taire les fanfares.

Il pouvait être trois heures ; la chambre
continuait sa discussion. La plupart des mi-

nistres étaient présents. M. Odilon Barrot
déposa sur le bureau du président l'acte
d'accusation qu'une partie de l'opposition
venait de signer. M. Guizot alla prendre
l'acte des mains de M. Sauzet, le parcourut
d'un regard et se prit à sourire.

Peu d'instants après, M. Duchâtel arrivait
à la chambre, traversait rapidement la salle
des Pas-Perdus, pour aller examiner à son
tour, du haut du péristyle, la physionomie
de l'émeute. La place de la Concorde était
entièrement balayée ; elle était gardée sur
toutes les faces par de la cavalerie. L'obé-
lisque s'élevait solitairement au milieu de la
place ; de chaque côté de l'obélique les jets
d'eau s'épanouissaient en gerbes comme un
jour de réjouissance. M. Duchâtel se retira.

Il était rassuré.

Cependant les charges réitérées et impi-
toyables des gardes municipaux avaient exas-
péré le peuple. Il attaque à coups de pierres
un des postes des Champs-Élysées. Il esca-
lade les toits et désarme les soldats. Il brûle

de se précipiter sur les masses armées. Mais ces hommes héroïques n'ont pas de fusil, leurs mains de fer, habituées à tordre l'acier, arrachent les grilles du ministère de la marine et de l'église de l'Assomption. Ils essayent diverses barricades, d'abord dans les Champs-Élysées, puis dans les rues de Rivoli et Saint-Honoré; elles sont aussitôt abandonnées. Ce sont comme des notes indécises qui flottent d'abord çà et là sur un orchestre.

Peu à peu l'insurrection, abandonnant les rues larges et ouvertes qui avoisinent les Tuileries, rétrograde vers le centre de Paris, où elle se reconnaît et sait se défendre, et, en se retirant, essaye de forcer le poste du ministère des affaires étrangères, défonce la boutique de Lepage et celle d'un autre armurier sur le quai de la Mégisserie, puis s'engouffre et disparaît dans les rues étroites et tortueuses du quartier Saint-Martin, laissant après elle ce murmure profond et confus qui annonce une révolution.

§ XIII.

Le soleil se couchait derrière les Invalides ; une longue barre, d'un rouge de sang, rayait l'horizon. Le jardin des Tuileries venait d'être fermé ; le Pont-Royal était gardé ; le Carrousel occupé par des forces imposantes. Une grande partie des troupes étaient sorties des casernes, disséminées par piquets, par pelotons, par compagnies sur les quais, sur les places, aux angles des carrefours. Des bataillons bivouaquaient sous les halles. Des sentinelles étaient placées à l'entrée de toutes les rues étroites qui débouchent sur les marchés. Les boutiques étaient éteintes, et dans les rues assombries des hommes en blouse, silencieux, mais résolus, marchaient lentement, en attendant l'heure de l'action.

Cette heure n'était pas encore sonnée. Ces hommes étaient venus des faubourgs flairer le combat.

Le flot de la colère publique n'était pas encore assez débordé. La population s'apaisa,

les rues se vidèrent. Il ne resta de cette journée qu'un étrange spectacle à contempler du
quai Voltaire.

On avait mis le feu aux chaises, aux bar-
raques des Champs-Élysées. L'incendie flottait en brume ardente, au milieu de l'atmosphère. L'Arc de Triomphe, éclairé d'un
pâle reflet, montait à l'horizon comme le fan-
tôme de nos vieilles gloires. Les soldats de la
première République semblaient dire aux fils
d'une seconde République : « Levez-vous ! »

DEUXIÈME JOURNÉE.

CHAPITRE II.

§ XIV.

Les troupes bivouaquèrent dans la boue, sous la pluie, devant leurs feux à moitié éteints, au milieu d'une profonde sécurité. Cependant ce calme apparent était menaçant. La nuit couvait une révolution. Les pavés remuaient sourdement sous le pied des patrouilles.

Un groupe d'hommes énergiques occupait le défilé tortueux des rues Beaubourg, Transnonain, du Cloître-Saint-Méry, ce quartier central de toutes les insurrections. Un autre groupe, abandonnant Paris à sa formidable garnison, parcourait les rues des Batignoles et allait de porte en porte, enlever des·fusils de gardes nationaux. Lorsqu'il se fut armé il descendit sur le poste de l'octroi, l'enleva, l'incendia et retourna camper hors de la barrière dans un chantier de bois, attendant le lendemain.

Pendant que le peuple s'improvisait ainsi avec un nouveau système d'armement, quelles mesures militaires prenaient les Tuileries?

Deux généraux se trouvaient investis de la direction suprême des opérations : le général Tiburce Sébastiani, commandant de la place, et le général Jacqueminot, commandant de la garde nationale.

Le général Jacqueminot, à peine relevé de maladie, encore souffrant, étendu sur un canapé, ne prenait aucune initiative, se soulevait à peine pour entendre les rapports des officiers d'ordonnance, répondait des paroles évasives et laissait retomber sa tête sur le canapé.

Le général Tiburce Sébastiani, évidemment écrasé sous le poids de son épaulette, ne s'occupait que de futilités, et dirigeait les mouvements des troupes avec la plus profonde négligence.

Au lieu d'être concentrée dans les principales positions, l'armée était éparpillée. Les canons avaient été oubliés sur les places, de sorte que, si les barricades qui se sont élevées dans la nuit de mercredi, avec une merveilleuse rapidité, s'étaient élevées dans la nuit du mardi, toute l'artillerie était prise, comme dans les mailles d'un vaste filet.

Le jour parut, le temps était refroidi.

Le premier aspect de la ville, le mercredi matin, ne pouvait plus laisser d'incertitude au pouvoir. Le danger croissait. De nouvelles forces furent appelées du dehors. De nombreuses colonnes de carabiniers et de chasseurs, de fantassins arrivaient à marche forcée par la barrière de Passy, et s'engouffraient successivement par les guichets, dans la citadelle imprenable du Carrousel. A la même heure, un régiment de ligne, appuyé d'une batterie d'artillerie, défilait sur la rive gauche, musique en tête, et allait prendre position du côté de l'île Saint-Louis, pour isoler sans doute le faubourg Saint-Marceau du faubourg Saint-Antoine.

§ XV.

Mais pendant que le pouvoir appelait à son secours toutes les garnisons de dehors, l'insurrection organisait l'attaque avec ce profond génie stratégique qui fait souvent de tout un peuple un admirable général.

Mal armée et indisciplinée, la foule a l'instinct de ne livrer nulle part de combat. Elle se répand de tous côtés, formant, abandonnant des centres de résistance, pour les reformer plus loin. Elle désarme les petits postes et enfonce les boutiques d'armuriers. Elle inquiète, elle harcèle, elle fatigue la troupe par une succession continue d'alertes, de coups de fusil et d'escarmouches. Elle marche partout, elle paraît partout, elle menace partout. Elle ouvre sur toutes les lignes et dans tous les quartiers, un immense feu de tirailleurs.

Le temps est affreux, l'air est aigre, de nombreuses rafales viennent fouetter les visages. La pluie tombe à torrent, le peuple brave gaiement les averses. Les combattants lèvent la tête, ôtent leurs casquettes et saluent la bourrasque.

— C'est le ciel, disaient-ils, qui se charge aujourd'hui des rafraîchissements.

Leur constance est couronnée. Le pavé monte comme un flot. Une barricade tombe sous le canon, s'efface et resurgit ailleurs. Des enfants la font, la gardent et la défendent le plus souvent.

L'insurrection ainsi comprise était insaisissable à tout le déploiement de la force armée. Elle n'était pas encore la victoire, mais elle était la prolongation de la lutte, et la lutte prolongée c'était la victoire.

Une force nouvelle allait faire pencher la balance de son côté.

§ XVI.

Cette force était la garde nationale.

Jusqu'alors la garde nationale s'était abstenue. La veille elle n'avait été convoquée que dans le deuxième arrondissement. Le mercredi matin le rappel battait dans toutes les rues. Les gardes nationaux se rendaient lentement à leur mairie le fusil sur l'épaule. Leur attitude allait décider de la révolution.

Avant ce jour, et surtout dans les premières années du règne, les gardes nationaux avaient puissamment contribué à la répression des émeutes. Mais depuis lors l'opinion publique s'est éclairée, s'est énergiquement prononcée contre le système de corruption — et la garde nationale n'est que l'opinion publique armée.

La garde nationale n'hésite pas un moment sur la conduite à tenir. Elle se posera comme médiatrice entre le peuple et le gouvernement. Elle arrêtera le feu, du geste seulement et en demandant le renvoi du ministère.

La dixième légion s'ébranle aux cris de vive la réforme, malgré les exhortations de son colonel, et arrête sur la place Bourbon des fourgons d'artillerie.

Un bataillon de la deuxième légion, commandé par M. Laborde, s'élance de la mairie du second arrondissement, encore aux cris de vive la réforme! Il marche sur les Tuileries pour porter à la royauté cet ultimatum de la nation. En retournant aux boulevards, il rencontre un escadron de cuirassiers qui s'apprête à charger le peuple. Il arrête la charge.

La troisième légion se montre animée d'un esprit de patriotisme encore plus ardent. Un détachement de cette légion arrive sur la place des Petits-Pères, aux cris partout répétés de vive la réforme! Le peuple l'entoure, les gardes municipaux veulent charger. Les gardes nationaux croisent la baïonnette, et les municipaux reculent devant l'uniforme du citoyen.

Une centaine de gardes nationaux de cette légion prennent l'héroïque résolution d'arrêter partout les hostilités.

Ils s'avancent par la rue de Cléry, sur le boulevard. Ils le trouvent formidablement gardé. Ils marchent calmes et confiants, entre deux haies d'infanterie, aux cris de vive la réforme, à bas la fusillade! Une pièce de canon était braquée à la porte Saint-Denis, dans la direction du boulevard Saint-Martin. A leur approche la pièce se retourne, elle est pointée sur leur poitrine. Les servants viennent prendre leur place.

La petite colonne de gardes nationaux marche sur le canon en répétant toujours le cri : *Vive la réforme, à bas la fusillade !*

Elle entre dans la rue Saint-Martin, qu'elle trouve occupée par les troupes, les désarme moralement, se porte au pas de course partout où elle entend un coup de fusil, fait relever les fusils, et partout où elle passe elle isole les soldats du pouvoir, et les laisse debout, immobiles, indécis, l'arme au pied, en quelque sorte prisonniers sur parole de la révolution.

Le peuple se sentait dans le soldat qui est

peuple aussi. Il savait distinguer les troupes hostiles d'avec les troupes résignées. Il criait : Vive la ligne, vivent les dragons, à bas le ministère, à bas les municipaux.

L'armée, laissée pendant vingt-quatre heures debout au milieu de Paris, circonvenue et entourée, laissait insensiblement fondre au contact de la population la rigueur de la discipline. On pactisait en quelque sorte du regard.

Dans les quartiers des halles les femmes se jetaient au milieu des rangs, embrassaient les soldats, leur portaient des vivres et leur criaient : Mes enfants, ne tirez pas sur nos fils, sur nos pères et sur nos maris.

Au détour d'une rue un officier de cuirassiers est abattu d'un coup de fusil, le peloton s'arrête. Les hommes du peuple ramassent l'officier : il était mort. Ils lui ôtent alors respectueusement sa cuirasse, ses épaulettes, son sabre, le remettent aux soldats, échangent avec eux une courte poignée de main — fraternisant ainsi dans la mort, par les honneurs rendus à l'uniforme.

§ XVII.

La conduite de la garde nationale est bientôt connue aux Tuileries ; elle y porte la consternation. Les baïonnettes étaient devenues intelligentes, elles avaient un cœur, une volonté, une pensée. La force matérielle reculait devant la force morale. L'épée était brisée dans les mains du pouvoir. Il avait suffi d'une promenade, au tambour, de quelques milliers de citoyens, pour paralyser toute une armée. Le ministère comprit le péril. Le comprit-il dans toute son étendue ? On doit en douter. Il offrit sa démission.

La chambre s'était réunie. Les députés s'y étaient rendus de bonne heure pour se communiquer leurs appréhensions. M. Vavin monte à la tribune et adresse des interpellations au ministère.

Les ministres sont à leur banc. Ils paraissent profondément abattus.

« Messieurs, dit M. Vavin, depuis vingt-
» quatre heures des troubles graves désolent

» la capitale. Hier la population a remarqué
» avec un douloureux étonnement l'absence
» de la garde nationale; cet étonnement était
» d'autant plus grand, d'autant plus pénible,
» que l'ordre de la convoquer avait été donné
» lundi dans la soirée; sur un fait aussi
» grave, aussi malheureux, je prie MM. les
» ministres de nous donner quelques expli-
» cations. »

M. Guizot se lève. Un profond silence s'é-
tablit. Sa physionomie est souffrante, mais
son attitude est encore hautaine, par une ré-
action visible de sa volonté. Il enfle, en parlant, le volume de sa voix comme pour dissimuler à son parti la tristesse intérieure de sa
défaite.

« Messieurs, dit-il, je crois qu'il ne serait
» pas conforme à l'intérêt public d'entrer en
» ce moment dans aucun débat. »

L'opposition croit, à ces paroles, que le ministre veut se renfermer dans cette fausse di-
gnité du silence, dont il cherchait si souvent à
couvrir les faiblesses de sa politique; elle

5

éclate en murmures. « Écoutez! » crient d'autres voix.

« Le roi, reprend M. Guizot d'un ton signi-
» ficatif, en vertu de sa prérogative, vient de
» faire appeler M. le comte Molé pour le char-
» ger de former un nouveau cabinet. »

Une salve de bravos part des deux extrémités de la chambre. Les députés de l'opposition se lèvent en tumulte. Les centres restent foudroyés sur leurs banquettes. Quelques députés conservateurs, les plus ardents
ou les plus compromis, se précipitent dans
l'hémicycle, gesticulent avec fureur en je-
tant, à la face de ce ministère évanoui et pé-
trifié, les mots de lâcheté et de trahison. Ils
crient : « Allons chez le roi, allons chez le roi ! »
et se dirigent vers la porte de sortie. Pendant qu'ils s'éloignent, d'autres défenseurs
de la politique ministérielle, plus résignés ou
moins désespérés, viennent serrer, mélancoli-
quement une dernière fois, la main de M. Guizot, comme pour prendre congé d'une vieille
amitié.

Les tribunes se vident, les assistants cou-

rent dans les escaliers pour porter au dehors
la bonne nouvelle. Des gardes nationaux
à cheval partent au galop et annoncent sur
toute la ligne des boulevards la chute du ministère. Partout ils sont accueillis par de vives acclamations. Les poitrines sont dilatées.
On tenait enfin la solution de la terrible inconnue qui pesait sur les consciences. Les coups
de fusil s'éteignent sur le passage de la bonne
nouvelle. Les chapeaux se lèvent en l'air,
les mains se cherchent, les groupes se con-
fondent en un seul épanchement, et la joie
universelle, multipliée de l'action et de la ré-
action de tous sur chacun et de chacun sur
tous, éclate dans le cri unanime de : Vive la
réforme !

§ XVIII.

Pendant ce temps-là, le roi et M. Molé, debout dans l'embrasure d'une croisée, discutaient entre eux la formation d'un nouveau
ministère, et, chose étrange, le roi n'était ni
modifié ni même effleuré par la terrible leçon
qu'il venait de recevoir des événements. Il
voulait bien consentir à sacrifier les instru-

ments de sa politique, mais non la plus légère particule de cette politique ; il entendait demeurer tout entier et inébranlable dans son système.

M. Molé ne put parvenir à lui faire comprendre toute la gravité de ce duel à outrance contre la volonté du pays. Il dut se retirer sans avoir obtenu aucune concession. Le roi lui donna seulement un second rendez-vous.

Mais le fait d'un changement de ministère n'en avait pas moins pénétré partout, et correspondait trop intimement aux espérances de la population, pour ne pas être complétement accepté. La nuit vint. Toutes les maisons illuminent. Paris flamboie en une minute. De longues guirlandes courent sur les fenêtres des façades, ondulent, descendent et remontent à tous les étages. Des grappes de lumières flottent confusément en haut, en bas, de tous côtés, se perdent dans le vide, ou se reflètent dans le courant de la Seine.

L'aspect de la ville est féerique, et à la clarté de ce nouveau jour, subit et abondant, qui

inonde le pavé, une foule immense afflue
dans les grandes artères de la circulation :
hommes, femmes, enfants, tous marchant
tranquillement, tous heureux, tous se recon-
naissant à la même expression de bonheur,
se saluant de la main, et forçant les voitures
à ralentir le pas, pour ne point troubler cette
fête improvisée de l'opinion.

La foule était surtout nombreuse sur les
boulevards. Le café du Grand-Balcon avait
entièrement lâché ses robinets de gaz, et il
en jaillissait une gerbe de lumières, qui faisait
ressembler cette illumination à une éruption
de volcan.

Le flot de promeneurs s'était arrêté, amoncelé, et s'amoncelait de plus en plus, pour
considérer ce spectacle. Il pouvait être dix
heures.

§ XIX.

On vit alors arriver du boulevard Montmartre quelque chose de sombre, de terrible
et de solennel, comme un de ces nuages

chargés d'électricité, qui couvent un mystère.

C'était une colonne d'hommes du peuple précédée d'un drapeau rouge. Ils étaient presque tous vêtus de blouses, les bras nus, et la chemise ouverte sur la poitrine. La plupart étaient désarmés, quelques-uns seulement avaient des sabres, des piques ou des fusils. Plusieurs portaient des torches, clartés vacillantes qui éclairaient à peine les figures. De loin on eût dit un incendie mobile qui roulait vers la Madeleine.

Une longue traînée de fumée vomie par les torches recouvrait d'une ombre sinistre cette procession de combattants inconnus qui descendaient des faubourgs.

La colonne marchait d'un pas délibéré, dans un profond silence. Elle vient heurter, en face du Grand-Balcon, l'épais massif de curieux qui stationnaient à cette place, le défonce, le traverse, détache et entraîne avec elle, sur ses flancs, de longs fragments de multitude.

Un peloton d'ouvriers sort des rangs de la colonne, et prend mystérieusement la rue de Choiseul, comme pour tourner une position.

Le corps principal continue de suivre le boulevard ; mais à la hauteur de la rue Neuve-Saint-Augustin, les flammes des torches, inclinées par le vent de la marche, se redressent ; le fleuve de fumée qui roulait horizontalement en sens inverse, remonte et se disperse en tourbillons. La colonne est arrêtée.

La foule qui l'avait suivie s'arrête à son tour, et tout ce vaste courant d'hommes, après les oscillations d'un premier temps d'arrêt, demeure immobile.

Que se passait-il? Cette foule en marche avait trouvé, en face du ministère des affaires étrangères, un bataillon de ligne formé en carré qui barrait tout le boulevard. Le commandant se tenait à cheval en avant du premier rang de soldats. On vit alors l'homme qui portait le drapeau rouge se détacher de la colonne et s'approcher du bataillon, puis rejeter brusquement son drapeau sur l'épaule, et le cheval du commandant se cabrer. Un coup de feu partit, on ne sait de quel côté. Le carré s'ouvrit et le commandant prit place au milieu.

Tout à coup les fusils se lèvent, s'abaissent, une ligne de feu déchire l'air dans toute la largeur du boulevard. Une longue détonation retentit.

L'épaisse muraille de spectateurs qui se tenait en face du bataillon, chancelle sur elle-même et tombe couchée sur le boule-levard. Les uns sont tués, les autres sont blessés, d'autres sont simplement renversés par la commotion. Ils se réveillent dans un flot de sang. Un des nôtres qui donnait le bras à deux de ses amis, tombe comme entraîné par un poids de chaque côté. Il se relève et secoue ses deux compagnons; l'un était mort, l'autre mourait. La foule terrifiée, indignée, exaspérée, reflue avec un cri d'horreur, se rejette dans les allées des maisons et se disperse par toutes les rues. En quelques minutes toute cette partie du boulevard est vidée. Il ne reste plus devant le bataillon qu'un pavé chaud de carnage et parsemé de milliers de chapeaux.

§ XX.

Que s'était-il passé? quelle agression pouvait expliquer cette boucherie? La foule était paisible, la colonne arrêtée. Aucune sommation, aucun avertissement, aucun roulement de tambours n'avait précédé cette épouvantable décharge. On a dit qu'un coup de pistolet avait été tiré et avait frappé le cheval du commandant. Était-ce là une attaque qui méritait une aussi exécrable répression? Un témoin oculaire nous assure n'avoir entendu que l'ordre de croiser la baïonnette. Quoi qu'il en soit, la vérité n'est pas encore connue, le sera-t-elle jamais?

Un mystère couvre ce drame nocture qui fut l'arrêt de mort de la royauté. Le doigt de Dieu était là, tout un passé devait crouler, et les fusils sont partis.

§ XXI.

Quand la fumée de cette décharge se fut dissipée, quand le commandant se vit seul devant le boulevard désert, en face de tous ces cadavres, il sentit refluer en lui l'horreur de ce carnage, il en versa des larmes de désespoir. Il se hâta d'envoyer un lieutenant au café Tortoni pour expliquer au peuple par quel déplorable malentendu tant de sang venait de couler.

Mais à peine ce parlementaire était-il entré au café, qu'un homme armé d'un fusil à deux coups, la figure bouleversée par l'indignation, écarte les assistants d'un geste de colère et ajuste le lieutenant. Des gardes nationaux relèvent le fusil, entourent l'officier de ligne, et le ramènent au bataillon.

Aucune explication n'avait été entendue : c'était une monarchie tout entière qui devait être jetée au peuple, en expiation de l'erreur peut-être d'un sergent.

Le contre-coup du meurtre retentit bien-

tôt dans Paris. Le cri aux armes! nous
sommes trahis, nous sommes assassinés !
s'élève autour du monceau de cadavres.
Des hommes effarés, les habits déchirés,
la tête nue, qui viennent d'échapper à la
fusillade, sèment de tous côtés les détails
de l'affreuse tragédie. Un frisson électrique
court sur la population. Ce n'est plus ce flot
calme de peuple, qui passait avec une attitude heureuse et confiante sous une triple
rangée d'illuminations : c'est une foule inquiète, agitée, frémissante, qui regagne
promptement ses quartiers. La terreur, la
colère, la pitié sont sur les figures. Les portes
se ferment, les maisons s'éteignent une à
une; des hommes armés sortent de toutes
parts de dessous les pavés.

La colonne qui marchait tout à l'heure sur
l'hôtel des affaires étrangères, qui avait ré-
trogradé devant la décharge, revient sur ses
pas et amène un tombereau sur le champ de
carnage. Elle y jette pêle-mêle une douzaine
de cadavres, et se met en marche à la lueur
des torches qui répandent une clarté lugubre
sur cette scène d'horreur.

Le convoi se rend au bureau du *National ;*
c'est le tison de la colère du peuple ; il incendie d'abord ceux qui parlent au peuple.

Du *National*, le cortége s'achemine par la
rue Montmartre au bureau de *la Réforme;* il
pousse par intervalles le cri sourd de vengeance, et traverse, à pas lents, la multitude
qu'il enivre d'indignation.

De temps à autre, un homme monté sur le
tombereau dressait tout debout, et secouait,
aux regards de la multitude, le cadavre à
moitié nu d'une femme, qu'il laissait ensuite
retomber au fond du tombereau.

Cette scène fanatise la colère. Le peuple
bouillonne et pousse des cris de mort. Le
convoi passe toujours sombre et terrible,
sous un reflet de torches, laissant derrière
lui une foule exaspérée. Il s'enfonce dans les
quartiers sombres, où l'irritation du peuple
n'est jamais descendue en vain. Deux rangs
d'hommes marchent de chaque côté, la
baïonnette en avant, le fusil armé. Mais la
nuit est déjà avancée, les rues sont désertes,

le tombereau roule déjà dans la solitude,
emportant toujours avec lui l'appel à la vengeance, comme un bruit sourd du tonnerre.
Il se perd enfin au centre de Paris. Il s'arrête. Les torches sont consumées. L'homme
assis sur le tombereau plonge le doigt dans la
blessure du cadavre; il montre à ses frères
la tache de sang, et jette un dernier cri de
vengeance.

La colonne laisse tomber les torches et se
disperse dans l'ombre des rues.

Les barricades se relèvent, la fusillade recommence; des hommes courent de tous
côtés frappant de porte en porte, et criant
aux armes. Les cloches s'ébranlent, le tocsin
sonne, et son glas lugubre, porté par les
rafales, retentit jusqu'aux Tuileries.

TROISIÈME JOURNÉE.

CHAPITRE III.

§ XXII.

Que faisait alors le roi aux Tuileries? Il attendait M. Molé. Ne le voyant pas arriver il l'envoya chercher. M. Molé ne vint pas, il résignait ses pouvoirs. Le roi fit alors appeler M. Thiers pour le charger de la formation d'un nouveau ministère. M. Guizot était encore aux Tuileries; il proposa au roi de transmettre au maréchal Bugeaud le commandement des troupes. Le roi accepta et contre-signa cette nomination. Ce fut le dernier acte officiel du ministère.

Vers minuit un huissier annonça M. Thiers, et M. Guizot se retira; ils eurent cependant le temps d'échanger un dernier regard.

Ainsi les deux ministres de ce règne, longtemps unis, depuis séparés, devaient se re-
trouver dans un suprême rendez-vous, celui-
là entrant par une porte, celui-ci sortant par
une autre porte, et tous deux pour disparaître
le même jour, à quelques minutes de distance.

M. Thiers adopta la nomination du maréchal Bugeaud, mais il refusa de le laisser
marcher sur les barricades. Il demanda seulement au roi l'autorisation de s'adjoindre
M. Barrot. Il prit ensuite la plume des mains
de M. Fain, et rédigea la proclamation qui
annonçait au peuple ce changement de ministère.

Cette proclamation fut envoyée à la police
pour être placardée dans tous les quartiers de
Paris.

M. Thiers croyait qu'après cette proclamation les armes tomberaient d'elles-mêmes

des mains des insurgés. Il se retira. M. Guizot resta aux Tuileries, et le roi alla se coucher. Il pouvait être quatre heures du matin.

Louis-Philippe s'endormit plein de sécurité dans la puissance d'un chiffon de papier que quelques agents de police étaient chargés d'afficher au-dessus de la borne, à un angle de carrefour.

Le roi descendait les dernières pentes de la vie. La nuit approchait; l'ombre grandissait sur ses idées. Depuis qu'il avait perdu, dans sa sœur, son inspiration visible, sa conscience extérieure, la clairvoyance des événements semblait s'être retirée de son esprit. Il passait tour à tour de l'inquiétude à la confiance. Ainsi, quelques jours avant le banquet, il se hâtait de terminer son testament, dans l'appréhension du danger, et à l'heure du danger, il dormait.

§ XXIII.

Mais le peuple veille, il est dans la rue. La jeunesse des écoles est descendue du haut de la place du Panthéon, cette acropole des idées de liberté. Une main cachée, qui n'est autre chose que la sagesse collective des masses, organise partout le mouvement. Un vaste système de défense et d'attaque, par les barricades, est entrepris, conduit, dirigé sur tous les points, avec un admirable sentiment de stratégie. Les boulevards sont coupés. Les portes Saint-Denis et Saint-Martin sont enfermées comme dans une enceinte de redoutes. Les communications du centre et des faubourgs sont ainsi assurées. Une armée périrait maintenant tout entière dans ces défilés multipliés à l'infini, et gardés, de cent pas en cent pas, par des groupes d'ouvriers.

Le jour paraît et amène de nouvelles recrues à l'insurrection. Les barricades élevées, de tous les points de la circonférence, s'allongent, s'échelonnent, s'avancent vers les Tuileries.

Quand le roi se réveilla, les Tuileries étaient déjà cernées, et il put entendre les premières détonations de la fusillade.

Ce fut alors qu'on vit un homme sortir seul et à pied du château par le guichet de l'Échelle; mais bientôt repoussé par des coups de fusil; il rentre à l'état-major : c'était M. Guizot. On ne l'a plus revu depuis.

§ XXIV.

Le roi avait espéré désarmer le peuple avec une proclamation, et cependant M. Thiers, qui l'avait rédigée, ne l'avait ni signée ni insérée au *Moniteur*.

Sitôt qu'elle paraît, elle est arrachée, niée par la foule et déchirée.

Le combat continue et se resserre autour du Carrousel. M. Thiers revient aux Tuileries à la tête d'un groupe de députés de l'opposition : Duvergier de Hauranne, de Rémusat, de Beaumont, Crémieux, Lasteyrie, Lamoricière; il demande la révocation du maréchal Bugeaud : la révocation est accordée.

Le roi tombe de concession en concession

et croit toujours pouvoir se reposer dans la dernière concession. Il ne comprend pas que chaque nouvelle signature qu'il donne au soulèvement du peuple n'est qu'une abdication prolongée. Il se croit couvert par l'opposition, et à dix heures il se met à table avec toute sa famille.

A ce moment M. de Rémusat paraît à la porte de la salle à manger; il demande le duc de Montpensier. Le roi l'invite à prendre place à la table. M. de Rémusat refuse. Le duc de Montpensier se lève, M. de Rémusat l'entretient à voix basse. Le roi se lève à son tour; la reine le suit; les autres membres de la famille interrompent leur déjeuner et tous entourent l'ancien ministre du 1er mars, qui explique nettement, dans tous ses détails, le danger de la situation. Louis-Philippe est terrifié. L'ordre du départ est donné; un aide de camp le porte à M. de Chabannes.

Cependant le Carrousel était encore occupé par une force militaire imposante en cavalerie, en artillerie, en infanterie. M. de Chabannes refuse d'amener les voitures pour ne pas démoraliser cette force armée, la dernière sauvegarde de la monarchie.

Ce retard semble ranimer les courages. La reine, exaltée de l'enivrement du péril, propose des mesures énergiques de résistance; une jeune princesse mêle sa voix à la voix de Marie-Amélie. Divers moyens sont proposés. Quelques officiers offrent de couper par des barricades toutes les rues qui débouchent sur le Carrousel; de se défendre pied à pied aux Tuileries, et de brûler jusqu'à la dernière cartouche.

— Montez à cheval, sire, dit la reine; je monterai, moi, sur le balcon, et j'irai vous voir mourir.

Le roi semble adopter un instant ce projet de défense désespérée, derrière un triple mur de baïonnettes. Il monte en effet à cheval et passe la revue des troupes du Carrousel : la ligne et la cavalerie l'accueillent par les cris de Vive le roi! Deux bataillons de la garde nationale y répondent par le cri de Vive la réforme! La reine et les princesses, debout à une fenêtre du rez-de-chaussée, suivaient le roi du regard et pouvaient entendre le cri de la nation.

Après la revue, Louis-Philippe se retira dans le cabinet qui communique par un pont volant avec le jardin des Tuileries. A peine y était-il entré, que M. Thiers arriva. Le nouveau président du conseil venait de parcourir les rues de Paris : sa popularité était déjà dépassée. Il demanda la présidence du conseil pour M. Barrot. Il ignorait que la puissance de ce nom était déjà brisée. M. Barrot s'était présenté aux barricades pour annoncer son avénement au ministère et apaiser l'insurrection : il avait été repoussé.

Ainsi, en quelques heures, trois ministères culbutaient successivement, emportés par le vent de colère qui soufflait sur la capitale. Vainement M. Molé, M. Thiers, M. Barrot étaient jetés à la tempête, le flot montait toujours.

§ XXV.

Le Carrousel était attaqué. Les élèves de l'École polytechnique descendaient la rue de

Seine en se tenant par le bras et en chantant
la Marseillaise. Ils allaient, par pelotons, se mê-
ler aux combattants. Les troupes, déconcer-
tées par les ordres, les contre-ordres et les
proclamations qui leur annonçaient sans cesse
un changement à vue, tantôt de leur commandant, tantôt du ministère, se détour-
naient d'un pouvoir qui croulait, à chaque
minute, aux décharges de la fusillade. Les
soldats tournaient la crosse en l'air et rentraient dans leurs casernes.

Mais à mesure que l'armée s'effaçait de la
scène, le peuple accourait la remplir. De la
rive gauche et de la rive droite, il venait con-
verger sur l'unique point où la résistance
s'était concentrée. Des bandes héroïques d'ouvriers, mélangées d'étudiants et de gardes
nationaux, se dirigeaient continuellement
contre les Tuileries. Des enfants marchaient
en tête, portant autour du cou des colliers de
cartouches. Ces bandes étaient bizarrement et
diversement armées de fusils, de pistolets,
de sabres, de coutelas, de piques ou de lances
emmanchées au bout d'un bâton; mais elles
se rendaient gaiement au combat, et en pas-

sant fouillaient les maisons pour y prendre des fusils.

Toutes ces recrues de la révolution venaient s'accumuler à la gorge de ces issues qui entourent le Carrousel.

Le feu s'ouvrit sur le poste du Château-d'Eau. Deux compagnies de troupe de ligne le gardaient, en avant du perron. Elles obliquèrent à droite et à gauche, ripostèrent par un feu roulant, rentrèrent dans le poste, refermèrent la porte, et disparurent derrière les meurtrières.

§ XXVI.

Le roi, pendant ce temps-là, écrivait l'ordonnance qui élevait M. Barrot à la présidence du conseil. Il était, comme nous l'avons dit, dans son cabinet, assis à son bureau. Le duc de Montpensier se tenait à son côté. M. Thiers, debout devant la cheminée, s'entretenait avec M. de Rémusat.

La porte s'ouvre brusquement, et M. Émile de Girardin paraît. Il vient de parcourir les

barricades. Il est fatigué, mais sa figure respire l'énergie des fortes résolutions.

Il s'avance vers le bureau, et pose la main
sur l'ordonnance du roi.

— Sire, dit-il, il est trop tard. On fait perdre à Votre Majesté un temps précieux. Les
minutes sont des heures ; si vous perdez encore une seule minute, dans une heure il n'y
aura plus en France ni roi ni royauté.

— Êtes-vous bien sûr de ce que vous dites?
reprend M. de Rémusat en s'adressant à M. de
Girardin.

— Demandez à M. Merruau, qui est là, répond M. de Girardin, si on ne déchire pas
toutes les proclamations, et si on ne chasse
pas les hommes chargés de les répandre.

Pour expliquer au lecteur l'interpellation
de M. de Girardin, nous avons besoin de rap-
peler au lecteur que M. de Girardin s'était
chargé, conjointement avec M. Merruau, ré-
dacteur en chef du *Constitutionnel,* de faire

imprimer la proclamation qui annonçait l'a-
vénement du ministère de M. Barrot.

— Il n'y a pas un mot qui ne soit vrai dans
ce que vient de dire M. de Girardin, répond
M. Merruau.

— Que faire donc? répond le roi.

— Abdiquer, sire.

— Abdiquer!

Et le roi laisse tomber la plume de ses
mains.

— Oui, sire, sans hésiter. Une minute de
retard, et tout est perdu. Voici la proclamation toute prête, telle que je l'ai donnée à
imprimer, afin de ménager les secondes.

Abdication du roi.

Régence de la duchesse d'Orléans.

Dissolution de la chambre.

Amnistie générale.

Et M. de Girardin dépose la proclamation sur le bureau.

A ce moment les vitres des Tuileries frémissent, une fusillade éclate dans la direction du Palais-Royal.

Le duc de Montpensier s'approche du roi.

— Abdiquez, sire, dit-il, avec véhémence.

Le roi reste atterré sur son fauteuil.

Le bruit de la fusillade recommence. Le roi se redresse et se réveille de son irrésolution.

— Eh bien! j'abdique, dit-il.

— Partez, allez, s'écrient toutes les personnes présentes, en s'adressant à M. de Girardin; courez, portez la nouvelle, et faites cesser le feu.

M. de Girardin s'incline, se retire, pour aller annoncer l'abdication.

Il se présente à la barricade de la rue Saint-Honoré.

La nouvelle de l'abdication est accueillie avec des transports de joie, tempérés par l'incrédulité.

— Est-ce imprimé? crie-t-on de toutes parts à M. de Girardin.

— Non.

— Est-ce écrit?

— Non.

— Quelle garantie avons-nous donc de cette abdication?

— Ma parole.

— Qui êtes-vous?

— Émile de Girardin.

— Celui qui a donné sa démission?

—Oui.

—Vous affirmez sur votre tête la vérité de l'abdication?

—Oui.

— C'est bien; passez.

Et ils laissent M. de Girardin franchir la barricade.

M. de Girardin arrive sur la place du Palais-Royal. On s'y battait. Le bruit des décharges emporte ses paroles. Cependant quelques combattants paraissent disposés à déposer les armes, si on leur apporte l'abdication du roi avec sa signature.

La demande est transmise aux Tuileries. Le roi prend la plume, et lentement, tristement, il écrit ces mots : « J'abdique en faveur » de mon petit-fils, le comte de Paris; je dé- » sire qu'il soit plus heureux que moi. »

Le général Lamoricière emporte la feuille

de papier encore humide — dernière espérance
de la dynastie.

§ XXVII.

Tout était consommé. Le roi n'avait plus
qu'à partir pour l'exil. L'ordre est donné de
faire replier les troupes en dedans des grilles,
et de faire approcher les voitures. Mais le
peuple envahissait déjà les abords du palais.
Lorsque les voitures débouchent sur la place
du Carrousel, le piqueur est abattu d'un
coup de fusil, et les deux premiers chevaux
d'attelage sont tués.

Les équipages rentrent à l'écurie.

Il se passait, en ce moment, dans le cabinet
du roi un de ces drames solennels et terribles
qui sont les derniers adieux des dynasties
aux nations. Le moment du départ était venu.
Le roi ôta l'uniforme qu'il avait pris pour
passer la revue; il déposa sur une table son
épée, ses épaulettes et le grand cordon de la
Légion d'honneur.

Pendant qu'il se dépouillait ainsi des insignes de la royauté, la reine, immobile, pâle d'indignation, les lèvres frémissantes, éclatait en reproches contre M. Thiers.

— C'est vous, dit-elle, qui avez brisé le trône, vous qui avez allumé les passions populaires qui viennent d'incendier la monarchie. Vous êtes un ingrat, vous ne méritiez pas un si bon roi.

M. Thiers retint sa tristesse et garda le silence.

Lorque Louis-Philippe eut changé de costume, il se tourna vers la duchesse d'Orléans :

— Hélène, restez, dit-il.

La duchesse jeta ses mains sur sa figure et se mit à sangloter.

Le roi salua les assistants du geste et offrit son bras droit à la reine.

Mais il revint aussitôt sur ses pas, tira un paquet de clefs et alla ouvrir un tiroir.

Il sembla y chercher des papiers.

Mais ses idées étaient troublées.

Il poussa brusquement le tiroir, puis s'approchant de M. Fain, il lui remit le paquet de clefs.

— Vous attendrez mes ordres, dit-il.

Et il reprit le bras de la reine.

Au moment où il se retirait, M. Crémieux s'approcha.

— Il est entendu, sire, que la régence appartient à la duchesse d'Orléans.

Le roi s'arrêta brusquement.

— Non, dit-il d'une voix animée ; elle appartient au duc de Nemours. Une loi lui a donné la régence. Je ne puis violer la loi.

Et il sortit par le souterrain qui conduit sur la terrasse du bord de l'eau. Il se rendit à pied jusqu'au pont tournant, et y trouva une petite voiture attelée d'un seul cheval. Il y monta, la reine le suivit. L'excitation fébrile qui l'avait soutenue jusque-là l'avait abandonnée : elle tomba presque évanouie sous les roues. Le cheval s'enleva. L'escadron de cuirassiers qui stationnait sur la place de la Concorde s'ébranla à son tour et forma l'escorte. Une seconde voiture suivait la voiture du roi : c'était celle de la duchesse de Nemours ; toutes les deux roulaient au galop sur le quai de Passy. Mais à la hauteur des Champs-Élysées, leur passage fut accueilli par une dernière fusillade. Deux chevaux de l'escorte tombèrent, et la royauté disparut dans une bouffée de fumée.

Tandis qu'une partie de la dynastie fuyait ainsi vers Saint-Cloud, une jeune femme errait seule, égarée, éperdue, au milieu des groupes de peuple armé, qui rôdaient sur la place de la Concorde : c'était la duchesse de Montpensier.

Le général Thierry parvint à la rejoindre et la conduisit chez madame Lasteyrie.

CHAPITRE IV.

—

§ XXVIII.

Le combat continuait au poste du Château-d'Eau. Le général Lamoricière était parti au galop pour porter aux combattants l'abdication du roi. Mais à peine est-il arrivé à la barricade de la rue Saint-Honoré, qu'un jeune homme s'élance à la bride de son cheval. Il prend ce papier des mains du général, il le parcourt rapidement du regard.

— Retournez, général, dit-il; ce n'est plus l'abdication qu'il nous faut, c'est la déchéance de la royauté.

L'insurrection, en effet, touchait aux Tuileries et ne voulait poser les armes qu'après y avoir proclamé la république.

Le général Lamoricière essaye de forcer le passage et de se porter sur la place du Palais-Royal. Il essuie une décharge. Son cheval est tué. Lui-même tombe atteint d'une blessure. Quelques hommes le transportent dans la boutique d'un marchand de vin, où le docteur Pellarin avait établi une ambulance.

La monarchie avait beau jeter à la colère du peuple ces feuilles volantes où elle inscrivait sans cesse une nouvelle concession, la colère du peuple les emportait toutes du même souffle.

L'attaque du Château-d'Eau fut reprise.

Le Château-d'Eau occupe, comme on sait, le fond de la place, en face le Palais-Royal. Il fut bâti, au commencement du dix-huitième siècle, par l'architecte Robert Cotte, sur l'emplacement de l'hôtel Brulard. Il est adossé à un massif de maisons. Il se compose d'un

fronton soutenu par quatre colonnes engagées
et de deux ailes latérales, percées chacune de
trois fenêtres. L'édifice a deux étages; une
niche est creusée au centre du premier étage,
et en bas de la niche une vasque reçoit les
eaux de la fontaine. Une inscription en lettres
d'or sur une plaque de marbre noir porte ces
mots : *Quantos effundit in usus.* La façade peut
avoir environ quarante mètres de développe-
ment et se termine au sommet par une terrasse entourée d'une balustrade. Un perron
élevé de quelques pieds seulement, au-dessus
du sol, s'étend sur toute la longueur de l'é-
difice.

Le poste occupait l'aile gauche. C'était un
point stratégique d'autant plus important,
qu'il prenait à revers toute attaque contre le
Palais-Royal, et couvrait à la fois les rues de
Chartres, de Saint-Thomas-du-Louvre et du
Musée, qui toutes débouchent sur le Carrousel.

Le dernier gouvernement avait fait soigneusement fortifier le Château-d'Eau. Les
fenêtres du premier et du second étage étaient

munies d'une double rangée de barreaux.
Elles étaient fermées de volets en chêne massif.
Des meurtrières étaient pratiquées dans ces
volets. La porte étroite et basse, percée aussi
de deux meurtrières et revêtue de lames
de fer, ne pouvait être enfoncée qu'avec du
canon.

Le matin à dix heures, la garde municipale
qui occupait le Château-d'Eau avait été relevée par deux compagnies de la troupe de
ligne. Ces deux compagnies, comme nous
l'avons déjà dit, s'étaient repliées, après une
première décharge, dans l'intérieur du poste,
et de là faisaient feu sur le peuple. Les soldats tiraient à couvert et chaque balle tuait;
le peuple tirait à découvert et ses balles
frappaient la pierre. Cette façade sombre et
fermée lançait continuellement la mort, et la
mort ne pouvait y entrer.

Quelques combattants, exaspérés de cette
lutte disproportionnée, s'élançaient la baïonnette en avant, comme pour arracher ces
pierres maudites et se battre poitrine contre
poitrine, corps à corps, avec un ennemi vi-

sible, et jonchaient inutilement la place de leurs cadavres. Un jeune homme grand, pâle, et les cheveux blonds, monta deux fois à l'assaut, parvint sur le perron, pirouetta sur lui-même et tomba. Ses mains serrèrent convulsivement la grille du perron et se roidirent : il était mort. On peut voir encore son sang sur la muraille.

Le peuple cependant s'était emparé du Palais-Royal, et dirigeait un feu nourri des fenêtres. La place était déserte. Une jeune femme allait et venait au milieu des balles ; elle ramassait les blessés et les recueillait dans sa maison. Un homme du peuple s'approche d'elle et lui frappe vigoureusement sur l'épaule.

— Tu es une vraie Romaine, dit-il.

Cette jeune femme était mademoiselle Lopez, actrice de l'Odéon.

Cependant la pierre noircie du Château-d'Eau avait beau blanchir, sous une pluie de balles, le poste résistait toujours. Quelques combattants essayèrent de mettre le feu aux deux portes latérales qui ouvrent sur la rue du Musée et sur la rue Saint-Thomas-du-Louvre; ils furent tués.

Les écuries du roi avaient été forcées, et les voitures étaient brûlées sur la place du Carrousel. Des hommes courageux s'attellent à ces voitures en feu, les traînent sur la place du Palais-Royal et les poussent sous les fenêtres du poste. Un zouave roule un tonneau d'esprit-de-vin sur ce foyer de l'incendie. Des meubles sont jetés des fenêtres du Palais-Royal et transportés sur ce vaste bûcher. La rafale l'allume.

La flamme monte; le vent la couche sur la façade du château. La peinture des volets éclate comme une écorce; le feu, continuellement activé par un vent violent, entre par les fenêtres, s'engouffre et circule dans l'intérieur des appartements.

Pendant que les fils d'une même patrie cherchaient ainsi à s'étreindre dans un embrassement de mort, à travers les flammes, les uns par un sentiment de patriotisme, les

autres par un sentiment de discipline, il se
passait à quelques pas de là une scène tou-
chante, qui prouve à quel degré le peuple
porte en lui le sentiment de la compassion.

La galerie du Palais-Royal avait été trans-
formée en ambulance; des hommes en blouse
en gardaient soigneusement les deux extrémités. Des lits, des matelas, des canapés
étaient rangés de chaque côté, comme dans
une salle d'hôpital, et à deux pas de la fusillade et de l'incendie, du sac du palais, des
cris, des hurlements et du tumulte, les mé-
decins allaient et venaient d'un malade à
l'autre, avec la même gravité, le même re-
cueillement que dans un service de clinique;
et le peuple, grave et recueilli lui-même en
présence de ce spectacle, apaisait les bouil-
lonnements de son cœur pour ménager du
silence aux blessés.

Malgré l'incendie du Château-d'Eau, le
poste se défendait toujours. Les balles tra-
versaient continuellement le lugubre rideau
de flammes. Cependant, du côté des soldats,
les coups de feu étaient rares; ils s'éloignaient

un à un, ils se turent bientôt tout à fait. Une
haute colonne jaillit au-dessus de la terrasse
et s'affaissa sur elle-même. Tout le Château-
d'Eau s'écroula intérieurement, il n'en resta
plus qu'une façade meurtrie de balles, page
mutilée d'un long combat, que des arceaux
de voûtes à moitié rompus, que des poutres
brûlantes et des tourbillons de fumée. Qu'é-
taient devenus les soldats ? Quelques-uns seulement s'étaient sauvés. Le lendemain on
trouva des lambeaux humains sous des mon-
ceaux de charbon, mais on ne put compter
les cadavres.

Les combattants poussèrent alors pour la
première fois le cri de *vive la République !* et se
précipitèrent sur la place du Carrousel.

§ XXIX.

Les Tuileries étaient rendues. Pendant
qu'une portion du peuple s'acharnait à vouloir enlever le poste du Château-d'Eau, un
lieutenant de la garde nationale, le docteur
Aubert-Roche, s'était hardiment présenté à
la grille des Tuileries. Il se fait oùvrir la porte

et aborde le duc de Nemours sous le pavillon de l'Horloge.

— Je viens vous proposer, dit-il au prince, un moyen d'éviter l'effusion du sang.

— Que faut-il faire ? répond le duc de Ne-mours.

— Évacuer à l'instant même le château, le livrer à la garde nationale, sinon vous êtes perdu. Le combat sera sanglant, les Tuile-ries sont cernées.

— Vous pensez ? répondit le duc ; je vais faire retirer les troupes.

Et il donna l'ordre de la retraite. L'artil-lerie fila par la grille du Pont-Royal l'in-fanterie, la cavalerie, le duc de Nemours, se retirèrent par le pavillon de l'Horloge. Les ca-valiers mirent pied à terre et firent descendre les escaliers à leurs chevaux. La retraite se fit avec tant de précipitation qu'on oublia de relever les postes de l'intérieur.

Lorsque le peuple marcha sur les Tuile-

ries il en trouva les portes ouvertes. Il se rua
alors, ivre des fumées du combat, sur ce palais
dont il avait déjà chassé, en une vie d'hommes, trois dynasties, passa comme un coup
de tonnerre, foudroyant, fracassant, renver-
sant tout sur son passage. Les lambris, les
glaces, les vases, les tentures, les tapis — cet
or, ce luxe, cet éclat inaccoutumé pour ses
yeux—tout cela lui paraissait en quelque sorte
la royauté extérieure, réalisée, matérialisée en
objets, en meubles et en décors. Il brisait l'idée
dans ces choses. Il promena ainsi sa main sur
ces magnificences accumulées, somptueuses
insultes de ses misères. Tout fut broyé, déchiré, jeté aux vents par les fenêtres. Les
secrétaires furent vidés, les livres, les papiers,
les albums, les dessins et jusqu'aux lettres
des princesses furent mis en pièces, semés sur
les tapis et foulés aux pieds. Un homme du
peuple sauta sur le trône, un drapeau rouge
à la main, y essuya ses souliers ferrés cou-
verts de boue, et proclama la république.
Une décharge couvrit ses dernières paroles.
Le buste en marbre de Louis-Philippe vola
en éclats : la royauté venait d'être exécutée
en effigie.

La dévastation fut méthodique, le peuple écrivait en quelque sorte sa pensée sur les murs à coups de crosses de fusil. Les portraits de la reine, de la duchesse d'Orléans et du prince de Joinville furent respectés, ceux des autres membres de la famille furent détruits. Dans la salle des maréchaux, la figure en pied du maréchal Soult fut déchirée ainsi que celle du maréchal Bugeaud. La figure du maréchal Grouchy reçut seulement un coup de baïonnette. Cette vengeance anonyme acquittait sans doute une parole de Sainte-Hélène.

Quand tout fut mutilé, détruit, pulvérisé, lancé par les fenêtres; quand la colère du peuple se fut pleinement exercée, assouvie, fatiguée sur cette demeure toute vivante encore de ses hôtes et toute pleine de leur présence; quand d'immenses bûchers allumés sur la place achevèrent de réduire en cendres ce qui avait échappé à la hache, au marteau ou au sabre, alors une main inconnue écrivit sur un des piliers des Tuileries : Hôtel des invalides civils.

Le gouvernement provisoire n'a fait que consacrer depuis cette inscription.

Le peuple ne voulut prendre aucune valeur, il respecta l'or, l'argenterie, les diamants. Des hommes déguenillés montaient la garde devant des millions. Quelques pillards seulement furent surpris la main dans les armoires; ils furent immédiatement fusillés sur les marches du perron.

Le vainqueur ne voulut pas laisser déshonorer sa victoire; il n'emporta des Tuileries qu'un fauteuil, il le promena en triomphe sur le boulevard et alla joyeusement le brûler au pied de la colonne de Juillet.

Ce fauteuil était le trône.

CHAPITRE V.

---

§ XXX.

Au moment où le peuple entrait aux **Tui**-leries par une porte, une jeune femme vêtue de noir en sortait par une autre porte; elle tenait un enfant par la main; un autre enfant la suivait dans les bras d'un officier. Le duc de Nemours l'accompagnait à cheval.

Cette femme en deuil était la duchesse d'Or-léans; elle marchait rapidement comme pour gagner de vitesse la révolution. Au milieu du pont de la Concorde, le comte de Paris s'em-barrassa dans les dentelles de la robe et tomba sur le trottoir; sa mère jeta un cri; l'enfant se releva, il ne s'était fait aucun

mal. Mais les événements donnaient raison
à toutes les superstitions; les assistants
durent y voir un présage.

Qu'allait tenter, en effet, la duchesse au
palais Bourbon? Une conciliation en quelque sorte légale du peuple et de la royauté
sur la tête d'un enfant? Mais trouverait-elle
encore une chambre des députés?

A midi la chambre était réunie; elle était
inquiète, tumultueuse, disséminée par groupes
dans la salle des Pas-Perdus, l'oreille appli-
quée au moindre bruit du vent qui venait du
dehors. Aucune nouvelle certaine. Qui était
roi? qui était ministre? qui était commandant
de la force armée? A midi on avait vu passer M. Odilon Barrot traîné en triomphe dans
sa calèche devant la chambre des députés; à
une heure on l'avait vu repasser encore devant la chambre, à pied, son chapeau à la
main, à la tête d'un flot de peuple qui criait
toujours: Vive Odilon Barrot! Mais ce ministre d'un entr'acte marchait affaissé sur lui-
même et comme accablé sous le poids de
son ovation.

Peu de minutes après, M. Thiers arrive à la chambre, nu–tête aussi, la figure boule-versée par l'émotion. Un groupe de députés l'arrête, l'entraîne, le presse de questions.

— Vous êtes ministre? lui crie-t-on.

M. Thiers écarte les deux bras, s'incline en secouant la tête et reste sur place sans trouver une parole. Puis élevant son chapeau qu'il tenait à la main, il s'écrie d'une voix éteinte : La marée monte, monte, monte..., traverse le groupe et disparaît.

On cherche de tous côtés M. Sauzet pour ouvrir la séance. M. Sauzet est absent. A midi et demi cependant il arrive et prend place au fauteuil.

Les députés entrent dans la salle des séances. Les centres paraissent frappés de stupeur. Les bancs des ministres sont vides. Les tribunes publiques, ordinairement en-combrées de spectateurs, sont désertes.

Quelques députés de l'opposition cher-chent du regard M. Barrot. Le nouveau pré-

sident du conseil est au ministère de l'intérieur, occupé à faire jouer le télégraphe pour
annoncer à la France sa nomination.

La séance est ouverte. M. Laffitte monte le
premier à la tribune.

« Messieurs, dit-il, je ne garderai pas long-
» temps la parole. Je m'adresse à tous, je prie
» tous les députés de faire taire les passions en
» ce moment. Je m'adresse à la droite, au cen-
» tre et à la gauche; c'est surtout des extrémi
» tés que j'espère recevoir quelque appui. Je
» propose à la chambre, vu les circonstances
» et sans entrer dans des explications inutiles,
» puisque vous les sentez tous, puisqu'elles
» sont présentes à tous les esprits, je propose
» à la chambre de se déclarer en permanence.
» Je crois que je n'ai pas besoin de donner de
» développements. »

Cette demande est votée par acclamation.

La séance demeure ensuite suspendue. Les
députés se répandent en tumulte au pied de
la tribune. Un officier monte au bureau et
dit quelques mots à l'oreille du président.

8

M. Sauzet agite sa sonnette : « Messieurs,
dit-il en se levant, je vous annonce l'arrivée de
la duchesse d'Orléans. » Des huissiers appor-
tent trois chaises et les placent au pied de la
tribune. Mais la chaise du milieu est aussitôt
enlevée et remplacée par un fauteuil, simu-
lacre dérisoire de l'autre fauteuil qu'on brû-
lait, à ce moment-là, sur la place de la Bastille.

La porte de l'hémicycle s'ouvre en face du
président. La duchesse d'Orléans s'avance,
tenant le comte Paris d'une main et le duc
de Chartres de l'autre. Son voile est relevé sur
son chapeau. Sa figure est pâle. Des larmes
brillent dans ses yeux, mais il est aisé de voir
à son attitude courageuse, paisible et résignée, que la mère cherche à contenir les
émotions de la femme. Le duc de Nemours
est à ses côtés. Des généraux en uniforme,
des officiers et des gardes nationaux lui ser-
vent d'escorte.

La duchesse descend tranquillement les
gradins de la chambre, et vient s'asseoir
dans le fauteuil au pied de la tribune. Les

deux enfants se mettent à côté d'elle sur les chaises; ils sont tous les deux vêtus de la même façon, en veste noire, avec une collerette plissée autour du cou. Leur regard enfantin exprime plus d'étonnement que d'inquiétude.

Le duc de Nemours se tient debout devant la duchesse d'Orléans. Il est en costume de lieutenant général, toutes ses décorations étalées sur sa poitrine. Sa figure est calme, elle respire la satisfaction intérieure d'un acte de dévouement.

Un profond silence règne dans l'assemblée. Une vague inquiétude se refléchit sur toutes les physionomies, aucun député n'occupe la tribune. Cependant les minutes sont précieuses ; chaque coup de balancier de la pendule emporte un lambeau de la monarchie.

M. Lacrosse se lève au milieu du bruit.

« Je demande, dit-il, que la parole soit don-

» née à M. Dupin, qui vient d'amener le comte
» de Paris dans la chambre. »

— « Je ne l'ai pas demandée ! se récrie
» M. Dupin ! »

— « N'importe ! répondent plusieurs voix,
» parlez ! »

M. Dupin monte à la tribune.

« Messieurs, dit-il, vous connaissez la si-
» tuation de la capitale, les manifestations
» qui ont eu lieu. Elles ont eu pour résultat
» l'abdication de S. M. Louis-Philippe, qui a
» déclaré en même temps qu'il déposait le pou-
» voir et qu'il le laissait à la libre transmis-
» sion sur la tête du comte de Paris avec la
» régence de madame la duchesse d'Orléans. »

De vives acclamations accueillent ces paroles. Les centres font retentir les cris de
vive le roi ! vive le comte de Paris ! vive la
régente !

« Messieurs, reprend M. Dupin, vos accla-
» mations, si précieuses pour le nouveau roi

» et pour madame la régente, ne sont pas les
» premières qui l'aient saluée; elle a traversé
» à pied les Tuileries et la place de la Con-
» corde, escortée par le peuple, par la garde
» nationale, exprimant ce vœu, comme il
» est au fond de son cœur, de n'administrer
» qu'avec le sentiment profond de l'intérêt
» public, du vœu national, de la gloire et
» de la prospérité de la France. »

M. Dupin descend de la tribune. Plusieurs
voix y appellent M. Barrot.

M. Barrot est toujours absent.

« Je demande, reprend M. Dupin de sa
» place, en attendant l'acte d'abdication, qui
» nous sera remis probablement par M. Bar-
» rot, que la chambre fasse inscrire au pro-
» cès-verbal les acclamations qui ont accom-
» pagné ici et salué dans cette enceinte le
» comte de Paris comme roi de France et ma-
» dame la duchesse d'Orléans comme régente,
» sous la garantie du vœu national. »

M. Sauzet se lève.

« Messieurs, dit-il, il me semble que la chambre par ses acclamations unanimes....»

De vives protestations s'élèvent, à ces paroles. Plusieurs personnes étrangères, plusieurs gardes nationaux, la baïonnette au bout du fusil, forcent l'entrée des couloirs, repoussent les huissiers, et refluent jusqu'à l'escalier de la tribune. Les plus exaltés interpellent vivement le duc de Nemours. Le duc de Nemours leur répond avec sang-froid ; il ignore que ce sont les mouvements du cœur qui peuvent seuls entraîner les masses dans les révolutions.

M. Marie demande la parole au milieu du tumulte ; mais ne pouvant obtenir le silence, il se retire sur le derrière de la tribune.

M. Lamartine se lève de son banc, et dominant, le bruit de sa voix vibrante :

« Je demande, dit-il, à M. le président de
« suspendre la séance, par le double motif
« et du respect que nous inspirent, d'un côté
« la représentation nationale, et de l'autre la

» présence de l'auguste princesse qui est ici
» devant nous. »

—La chambre va suspendre sa séance, répond M. Sauzet, jusqu'à ce que madame la
duchesse d'Orléans et le nouveau roi se soient
retirés.

Le duc de Nemours et plusieurs députés
s'approchent de la duchesse d'Orléans et l'in-
vitent à se retirer. La princesse semble s'y
refuser; elle sent, en effet, que si elle part,
elle emporte avec elle la régence.

Le général Oudinot croit devoir suppléer
à ce qu'il regarde comme une maladresse de
M. Sauzet.

« Je réclame, dit-il, de la chambre un in-
» stant d'attention. On fait appel à tous les sen
» timents généreux. La princesse, on vous l'a
» dit, a traversé les Tuileries et la place de la
» Concorde, seule, à pied, avec ses enfants,
» aux acclamations publiques. Si elle désire se
» retirer, que les issues lui soient ouvertes,
» que nos respects l'entourent comme elle était

» entourée tout à l'heure des respects de la ville
» de Paris. Accompagnons-la où elle veut aller.
» Si elle demande à rester dans cette enceinte,
» qu'elle reste, et elle aura raison, car elle
» sera protégée par notre dévouement. »

— « La première mesure à prendre, répond
» M. Sauzet, c'est d'inviter toutes les per-
» sonnes étrangères à la chambre à sortir
» de l'enceinte. La chambre ne peut pas déli-
» bérer. Messieurs, par respect pour la
» chambre et pour la constitution, veuillez
» vous retirer. »

La duchesse d'Orléans cède aux nouvelles
invitations qu'on lui adresse; précédée du
duc de Nemours et suivie de ses deux enfants,
elle monte les degrés de la salle par le couloir
du centre qui conduit à la porte placée au-
dessous de l'horloge. Arrivée aux derniers
bancs du centre gauche, elle y prend place,
toujours entourée du même cortége, au milieu des acclamations de la chambre tout entière. Les députés de l'extrême gauche restent impassibles à leurs places. Le nombre
des gardes nationaux et des personnes étran-

gères à la chambre augmente à chaque instant dans les couloirs.

§ XXXI.

M. Odilon Barrot entre dans la salle. Un
grand nombre de députés l'entourent et le
poussent à la tribune.

Mais M. Marie l'occupe toujours, et les
bras croisés sur sa poitrine, attend un moment de silence.

« Messieurs, dit-il, dans la situation où se
» trouve Paris, vous n'avez pas un moment
» à perdre pour prendre des mesures qui
» puissent avoir autorité sur la population.
» Depuis ce matin le mal a fait d'immenses
» progrès, et, si vous tardez encore à prendre
» des mesures par des délibérations inutiles,
» vous ne savez pas jusqu'à quel point le dés-
» ordre peut aller; il est donc urgent de pren-
» dre un parti. Quel parti prendre? On vient
» de proclamer la régence de madame la du-
» chesse d'Orléans; vous avez une loi qui a
» nommé le duc de Nemours régent; vous

» ne pouvez pas aujourd'hui faire une ré-
» gence ; il faut que vous obéissiez à la loi.
» Cependant il faut aviser ; il faut à la tête de
» la capitale comme à la tête de tout le
» royaume, d'abord un gouvernement impo-
» sant ; je demande qu'un gouvernement
» provisoire soit constitué. Quand ce gouver-
» nement aura été constitué, il avisera ; il
» pourra aviser, concurremment avec les
» chambres, et il aura autorité dans ce pays :
» ce parti pris à l'instant même, le faire con-
» naître dans Paris, c'est le seul moyen d'y
» rétablir la tranquillité : il ne faut pas en
» pareil moment perdre son temps en vains
» discours.

» Voici, messieurs, ma proposition : je de-
» mande que sur-le-champ un gouvernement
» provisoire soit organisé. »

Des bravos partis de la tribune des journalistes accueillent ce discours.

M. Marie, au milieu de l'hésitation générale
des esprits, avait porté d'une main ferme le
premier coup à la régence.

Son exemple entraîne M. Crémieux.

« Dans un pareil moment, dit M. Crémieux,
» il est impossible que tout le monde soit d'ac-
» cord pour proclamer madame la duchesse
» d'Orléans pour régente et M. le comte de
» Paris pour roi : la population ne peut pas
» accepter immédiatement cette proclama-
» tion. En 1830 nous nous sommes fort hâtés,
» et nous voici, en 1848, obligés de recommen-
» cer. Nous ne voulons pas, messieurs, nous
» hâter en 1848 ; nous voulons procéder ré-
» gulièrement, légalement, fortement.

» Le gouvernement provisoire que vous
» nommerez ne sera pas seulement chargé de
» maintenir l'ordre, mais de nous apporter
» ici des institutions qui protégent toutes les
» parties de la population, ce qui lui avait
» été promis et ce qu'il n'a pu trouver depuis
» 1830.

» Quant à moi, je vous le déclare, j'ai le
» plus profond respect pour madame la du-
» chesse d'Orléans.

» Et j'ai conduit tout à l'heure, j'ai eu ce

» triste honneur, la famille royale jusqu'aux
» dernières voitures qui l'emportent dans son
» voyage : je n'ai pas manqué à ce devoir, et
» j'ajouterai que toutes les populations qui
» étaient répandues sur la route ont parfai-
» tement accueilli le malheureux roi et sa
» malheureuse famille. Mais maintenant,
» messieurs, la généralité de la population
» parisienne, la fidèle garde nationale ont
» manifesté leur opinion légale : eh bien ! la
» proclamation qui vous est proposée en ce
» moment violerait la loi qui est déjà portée.

» Nommons un gouvernement provisoire;
» qu'il soit juste, ferme, vigoureux, ami
» du pays, auquel il puisse parler, pour lui
» faire comprendre que s'il a des droits que
» tous nous saurons lui donner, il a aussi des
» droits qu'il doit savoir remplir.

» Croyez-nous un peu, nous vous en sup-
» plions; nous sommes arrivés aujourd'hui à
» ce que devait nous donner la révolution de
» juillet : nous n'avons pas voulu le change-
» ment de quelques hommes; sachons profiter
» des événements, et ne laissons pas à nos fils

» le soin de renouveler cette révolution. Je
» demande l'institution d'un gouvernement
» provisoire, composé de cinq membres. »

Chaque instant qui s'écoule emporte un
fleuron de plus de cette couronne aux trois
quarts brisée, qu'une chambre impuissante
cherche à retenir sur la tête d'un enfant;
mais l'enfant, assis à côté de sa mère, regarde
d'un air distrait cette scène étrange dont il
ne comprend pas le terrible mystère.

M. Odilon Barrot paraît enfin à la tribune;
sa pose est solennelle, sa voix sourde, son
sourcil froncé; son éloquence naturellement
tendue, semble avoir pris, sous le coup des
événements, encore plus de tension.

« Jamais, dit-il, nous n'avons eu plus be-
» soin de sang-froid et de prudence! Puissiez-
» vous être tous unis dans un même senti-
» ment, celui de sauver le pays du plus
» détestable des fléaux, la guerre civile. Les
» nations ne meurent pas, mais elles peuvent
» s'affaiblir dans des dissensions intestines,
» et jamais la France n'a eu plus besoin de

» toute sa grandeur et de toute sa force.

» Notre devoir est tout tracé. Il a heureu-
» sement cette simplicité qui saisit toute une
» nation ; il s'adresse à ce qu'elle a de plus gé-
» néreux et de plus intime, à son courage, à
» son honneur.

» La couronne de juillet repose sur la tête
» d'un enfant et d'une femme. »

De vives acclamations parties du centre, accueillent ces paroles. La duchesse d'Orléans
se lève et salue l'assemblée ; elle invite le
comte de Paris à l'imiter.

L'enfant se lève et salue à son tour.

La duchesse tient à la main une feuille de
papier ; elle fait signe au président qu'elle
veut parler.

— Laissez parler la duchesse, crient plusieurs voix.

— Continuez, M. Barrot, répondent d'autres députés.

La duchesse se rassied.

« C'est au nom de la liberté politique dans
» notre pays, reprend M. Barrot, c'est au nom
» des nécessités de l'ordre surtout, au nom
» de notre union et de notre accord dans les
» circonstances si difficiles, que je demande à
» tout mon pays de se rallier autour de ses re-
» présentants, de la révolution de juillet.
» Plus il y a de grandeur et de générosité à
» maintenir et à relever ainsi la pureté et
» l'innocence, et plus mon pays s'y dévouera
» avec courage. Quant à moi, je serai heureux
» de consacrer mon existence, tout ce que
» j'ai de facultés dans ce monde, à faire triom-
» pher cette cause qui est celle de la vraie li-
» berté dans mon pays.

» Est-ce que par hasard on prétendrait re-
» mettre en question ce que nous avons dé-
» cidé par la révolution de juillet? Messieurs,
» la circonstance est difficile, j'en conviens,
» mais il y a dans ce pays de tels éléments
» de grandeur, de générosité et de bon sens,
» que je suis convaincu qu'il suffit de leur
» faire appel pour que la population de Paris

» se lève autour de cet étendard. Il y a là tous
» les moyens d'assurer toute la liberté à la-
» quelle ce pays a le droit de prétendre, de la
» concilier avec toutes les nécessités de l'or-
» dre qui lui sont si nécessaires, de rallier
» toutes les forces vives de ce pays et de tra-
» verser les grandes épreuves qui lui sont
» peut-être réservées. Ce devoir est simple,
» tracé par l'honneur, par les véritables in-
» térêts du pays. Si nous ne savons pas le
» remplir avec fermeté, persévérance, cou-
» rage, je ne sais quelles peuvent en être les
» conséquences! Mais soyez convaincus,
» comme je le disais en commençant, que ce-
» lui qui a le courage de prendre la responsa-
» bilité d'une guerre civile, au sein de notre
» noble France, celui-là est coupable au pre-
» mier chef, celui-là est criminel envers son
» pays et envers la liberté de la France et du
» monde entier. Quant à moi, messieurs, je
› ne puis prendre cette responsabilité; la ré-
» gence de la duchesse d'Orléans, un minis-
» tère pris dans les opinions les plus éprou-
» vées vont donner plus de gages à la liberté,
» et puisse un appel au pays, à l'opinion pu-
» blique, dans toute sa liberté, se prononcer

» alors, et se prononcer sans s'égarer jusqu'à
» des prétentions rivales de la guerre ci-
» vile !....

» Se prononcer au nom des intérêts du
» pays et de la vraie liberté, voilà, quant à
» moi, quel est mon avis, quelle est mon opi-
» nion. Je ne pourrais pas prendre la res-
» ponsabilité d'une autre situation. »

Ce discours fut le dernier acte politique de
M. Odilon Barrot.

On dit qu'un jour, dans les mers des Indes,
le grand navigateur Albuquerque fut surpris
par la tempête ; le navire était désemparé,
aucune main ne pouvait tenir le gouvernail ;
l'équipage allait sombrer.

Un enfant dormait sur le pont, dans les
bras de sa mère ; Albuquerque le saisit,
l'élève au ciel la face tournée vers les éclairs :
— O Dieu, dit-il, protége-nous par l'innocence de cet enfant.

La prière fut écoutée : la lame s'apaisa, la

nue se déchira, et l'orage en désordre se replia derrière l'horizon.

M. Barrot voulait aussi élever un enfant
dans ses bras pour apaiser une tempête. Mais
l'orage des nations ne recule pas ainsi devant
une prière; le flot bondit toujours, et vaisseau de la dynastie, femme, enfant et pilote,
tout fut submergé.

La vie politique de M. Odilon Barrot semble se résumer dans cette courte seconde.
Homme honnête, sentimental, irrésolu, toujours à égale distance de la république et de
la monarchie, il régna une heure, le temps
d'une halte, entre la monarchie et la république.

§ XXXII.

M. de Larochejaquelein succède à M. Odilon
Barrot.

« Nul plus que moi ne respecte et ne sent
» profondément ce qu'il y a de beau dans
» certaines situations, je n'en suis pas à ma

» première épreuve! je répondrai à M. Bar-
» rot que je n'ai pas la folle prétention de ve-
» nir élever ici des prétentions contraires;
» non, mais je crois que M. Barrot n'a pas
» servi comme il aurait voulu les servir, les
» intérêts pour lesquels il est monté à cette
» tribune, en s'avançant autant qu'il l'a
» fait.

» Messieurs, il appartient peut-être bien à
» ceux qui, dans le passé, ont toujours servi
» les rois de parler maintenant du pays et de
» parler du peuple.

» Aujourd'hui vous n'êtes rien, plus rien! »

Les centres protestent énergiquement contre ces dernières paroles. Ils ne veulent pas
être congédiés du même coup que la monarchie, ils lèvent les bras pour soutenir encore
la voûte chancelante de l'édifice qui s'écroule
sur leur tête.

M. de Larochejaquelein reprend :

« Quand je dis que vous n'êtes rien, je ne
» croyais pas soulever tant d'orages. Ce n'est

» pas moi, député, qui vous dirai que la
» chambre des députés n'existe plus comme
» chambre. Je dis qu'elle n'existe plus
» comme.....

Les derniers mots de l'orateur expirent au
milieu d'un nouveau tumulte.

Une bande de peuple pénètre dans la chambre. Elle est composée d'ouvriers, d'étudiants,
d'élèves de l'école polytechnique, et précédée
de drapeaux tricolores en soie, dont les plis
lustrés n'ont jamais flotté au soleil. Un
homme en costume de colonel, qu'on assure
être M. Dumoulin, ancien aide-de-camp de
l'empereur, saisit un de ces drapeaux et en
pose la hampe sur la tribune, au pied de la-
quelle un vieillard est venu pacifiquement,
le sabre à la main, se mettre de planton.

Cette invasion de la chambre, par des
hommes en armes, se consomme avec une
régularité toute militaire, sans désordre,
sans violence, sans menace. Leurs rôles, leurs
postes, leurs mouvements semblent distri-
bués. Seulement derrière eux, un garçon bou-

cher, un coutelas à la main, son tablier taché de sang, s'est glissé jusqu'au banc des ministres.

A la vue de cette irruption, les députés du centre se lèvent précipitamment de leurs banquettes, et refluent sur les gradins supérieurs de la chambre.

La duchesse d'Orléans reste assise, le duc de Nemours prend tranquillement des notes à ses côtés.

Du haut de la tribune des journalistes, M. Marrast regardait attentivement cette scène. Il ne pouvait comprendre l'attitude de ces combattants qui forcent l'entrée des couloirs, sans cris, sans colère, sans traces de poudre sur la main, sur la chemise ou sur la figure. Que viennent faire ces hommes? que veulent-ils? ces drapeaux élégants ne sont pas à coup sûr les drapeaux des barricades? Le mystère s'éclaircit. Ces hommes viennent proclamer la régence. Ils ont été introduits par le général d'Houdetot.

— C'est le faux peuple, dit froidement M. Marrast, je vais chercher le vrai peuple.

Et il descend.

M. Ledru-Rollin s'élance à la tribune, et du geste écarte le colonel Dumoulin.

« Au nom du peuple, partout en armes, dit-
» il, maître de Paris, quoi qu'on fasse, je
» viens protester contre l'espèce de gouver-
» nement qu'on est venu proposer à cette
» tribune. Je ne fais pas comme vous une
» chose nouvelle, car, en 1842, lors de la dis-
» cussion de la loi de régence, seul dans cette
» enceinte, j'ai déclaré qu'elle ne pouvait
» point être faite sans un appel au pays.

» On vient tout à l'heure de vous parler de
» la glorieuse révolution de 1789. Prenons
» bien garde que les hommes qui en parlent
» ainsi n'en connaissent pas le véritable es-
» prit, et ne veuillent pas surtout en respec-
» ter la constitution.

» En 1791, dans le texte même de la con-
» stitution, on a déclaré que l'assemblée con-

» stituante, l'assemblée constituante, com-
» prenez-le bien, avec des pouvoirs spéciaux,
» n'avait pas le droit de faire une loi de ré-
» gence, et qu'il fallait un appel au pays pour
» la faire.

» Or, Messieurs, depuis deux jours nous
» nous battons pour le droit. Eh bien! si vous
» résistez et si vous prétendez qu'un gouver-
» nement par acclamation, un gouvernement
» éphémère qu'emporte la colère révolution-
» naire, si vous prétendez que ce gouverne-
» ment existe, nous nous battrons encore au
» nom de la constitution de 1791 qui plane
» sur le pays, qui plane sur notre his-
» toire, et qui veut qu'il y ait un appel
» fait à la nation pour qu'une régence soit
» possible.

» Pas de régence possible, ainsi qu'on vient
» d'essayer de l'implanter d'une façon que je
» dirais véritablement singulière et usurpa-
» trice.

» Comment, tout à coup, sans nous laisser
» délibérer, vous-même majorité, venir bri-

» ser la loi que vous avez faite contre nos
» efforts en 1842! Vous ne le voudriez pas.
» C'est un expédient qui n'a pas de racines
» dans le pays.

» Au nom même du droit que, dans les
» révolutions même, il faut savoir respecter,
» car on n'est fort que par le droit, je pro-
» teste, au nom du peuple, contre votre
» nouvelle usurpation.

» Vous avez parlé d'ordre, d'effusion de
» sang. Ah! l'effusion de sang nous touche,
» car nous l'avons vu d'aussi près que per-
» sonne. Trois mille hommes sont morts.»

Au moment où M. Ledru-Rollin prononce
ces paroles, le garçon boucher, debout au
banc des ministres, s'élance sur des banquettes en levant le bras vers la duchesse; les
députés lui ferment le passage et le rejettent
dans l'hémicycle.

M. Ledru-Rollin reprend :

« Eh bien! nous vous déclarons encore

» ceci : l'effusion de sang ne peut cesser que
» quand les principes et le droit seront satis-
» faits, et ceux-là qui viennent de se battre,
» se battront ce soir, si l'on méconnaît leurs
» droits.

» Au nom de ce peuple, qui est tout, je
» vous demande quelle espèce de garanties
» votre gouvernement qu'on intronisait,
» qu'on essayait d'introniser tout à l'heure,
» quelles garanties il nous donne? »

M. Berryer interrompt l'orateur.

— Pressez la question, dit-il, concluez,
un gouvernement provisoire !

« Messieurs, répond M. Ledru-Rollin, en
» parlant ainsi au nom du peuple, j'ai la pré-
» tention, je le répète, de rester dans le droit,
» et j'invoque deux souvenirs.

» En 1815, Napoléon a voulu abdiquer en
» faveur du roi de Rome ; le pays était debout,
» le pays s'y est refusé. En 1830, Charles X a

» voulu abdiquer pour son petit-fils ; le pays
» était debout, le pays s'y est refusé.

— Concluez-donc, nous connaissons l'histoire, répète M. Berryer.

« Aujourd'hui, répond M. Ledru-Rollin,
» le pays est debout, et vous ne pouvez rien
» faire sans le consulter. Je demande donc,
» pour me résumer, un gouvernement provi-
» soire, non pas nommé par la chambre, mais
» par le peuple ; un gouvernement provisoire
» et un appel immédiat à une convention qui
» régularise les droits du peuple. »

La gradation qui éclatait dans les événements du dehors venait se reproduire dans cette séance. On y avait d'abord proclamé la régence, puis la nécessité d'un gouvernement provisoire nommé par la chambre, et empruntant de cette nomination je ne sais quel vague reflet de légalité ; et maintenant M. Ledru-Rollin venait demander de la tribune de la chambre, non pas à cette chambre même, mais au peuple qui en battait les portes, d'acclamer sur les ruines des anciens

pouvoirs, le pouvoir nouveau de la révolution.

Le moment était solennel ; toutes les consciences appelaient intérieurement un de ces
esprits inspirés qui se lèvent du milieu de
la tempête, marqués du doigt de Dieu, et qui,
par leur parole, leur attitude, leur déci-
sions, emportent les dernières irrésolutions
des assemblées.

§ XXXIII.

Lamartine paraît à la tribune, les applaudissements éclatent de tous les côtés.

«Messieurs, dit-il, je partage aussi pro-
» fondément que qui que ce soit parmi vous,
» le double sentiment qui a agité tout à
» l'heure cette enceinte en voyant un des
» spectacles les plus touchants que puissent
» présenter les annales humaines, celui d'une
» princesse auguste se défendant avec son
» fils innocent, et venant se jeter du milieu
» d'un palais désert au milieu de la représen-
» tation du peuple. »

L'orateur est interrompu.

« Je demande à répéter ma phrase, et je
» prie d'attendre celle qui va la suivre. Je
» disais, Messieurs, que j'avais partagé aussi
» profondément que qui que ce soit dans cette
» enceinte le double sentiment qui l'avait
» agitée tout à l'heure. Et ici je ne fais aucune
» distinction, car le moment n'en veut pas,
» entre la représentation nationale et la re-
» présentation des citoyens de tout le peuple,
» et de plus c'est le moment de l'égalité, et
» cette égalité ne servira, j'en suis sûr, qu'à
» faire reconnaître la hiérarchie de la mis-
» sion que des hommes spéciaux ont reçue de
» leur pays, pour donner non pas l'apaise-
» ment, mais le premier signal du rétablis-
» sement de la concorde et de la paix pu-
» blique.

» Mais, Messieurs, si je partage cette émo-
» tion, qu'inspire ce spectacle attendrissant
» des plus grandes catastrophes humaines,
» si je partage le respect qui vous anime tous
» à quelque opinion que vous apparteniez
» dans cette enceinte, je n'ai pas partagé

» moins vivement le respect pour ce peuple
» glorieux qui combat, depuis trois jours,
» pour renverser un gouvernement perfide, et
» pour rétablir sur une base désormais iné-
» branlable l'empire de l'ordre et l'empire de
» la liberté.

» Mais, Messieurs, je ne me fais pas l'il-
» lusion qu'on se faisait tout à l'heure à cette
» tribune; je ne me figure pas qu'une accla-
» mation spontanée arrachée à une émotion
» et à un sentiment publics puisse constituer
» un droit solide et inébranlable et un gou-
» vernement de 35 millions d'hommes.

» Je sais que ce qu'une acclamation pro-
» clame, une autre acclamation peut l'em-
» porter, et, quel que soit le gouvernement
» qu'il plaise à la sagesse et aux intérêts de
» ce pays de se donner, dans la crise où nous
» sommes, il importe au peuple, à toutes les
» classes de la population, à ceux qui ont
» versé quelques gouttes de leur sang dans
» cette lutte, de cimenter un gouvernement
» populaire, solide, inébranlable enfin.

» Eh bien ! Messieurs, comment le faire ?
» Comment le trouver parmi ces éléments flot-
» tants, dans cette tempête où nous sommes
» tous emportés, et où une vague vient sur-
» monter à l'instant même la vague qui vous
» a emportés jusque dans cette enceinte ?
» Comment trouver cette base inébranlable ?
» En descendant dans le fond même du pays,
» en allant extraire pour ainsi dire ce grand
» mystère du droit national, d'où sort tout
» ordre, toute vérité, toute liberté ; c'est pour
» cela que loin d'avoir recours à ces subter-
» fuges, à ces surprises, à ces émotions dont
» un pays, vous le voyez, se repent tôt ou
» tard, lorsque les fictions viennent à s'éva-
» nouir, en ne laissant rien de solide, de per-
» manent, de véritablement populaire, et
» d'inébranlable sous les pas du pays ; c'est
» pour cela que je viens appuyer de toutes
» mes forces la double demande que j'aurais
» faite le premier à cette tribune, si on m'y
» avait laissé monter au commencement de
» la séance, la demande d'abord d'un gou-
» vernement, je le reconnais, de nécessité,
» d'ordre public, de circonstance, d'un gou-
» vernement qui étanche le sang qui coule,

» d'un gouvernement qui arrête la guerre ci-
» vile entre les citoyens.... »

Le vieillard à longue barbe qui se tient debout remet son sabre dans le fourreau, en
disant : bravo !

M. de Lamartine reprend :

« D'un gouvernement qui suspende ce
» malentendu terrible qui existe depuis plu-
» sieurs années entre les différentes classes
» de citoyens, et qui, en nous empêchant de
» nous reconnaître pour un seul peuple, nous
» empêche de nous aimer et de nous em-
» brasser.

» Je demande donc que l'on constitue à
» l'instant, du droit de la paix publique, du
» droit du sang qui coule, du droit du peuple
» qui peut être affamé du glorieux travail qu'il
» accomplit depuis trois jours, je demande
» que l'on constitue un gouvernement pro-
» visoire..... un gouvernement qui ne pré-
» juge rien, ni de nos ressentiments, ni de
» nos sympathies, ni de nos colères, sur le

» gouvernement définitif qu'il plaira au pays
» de se donner quand il aura été consulté.
» (C'est cela ! c'est cela !) Je demande donc un
» gouvernement provisoire. »

— Les noms des membres du gouvernement
provisoire ! crie-t-on de toutes parts.

Plusieurs personnes présentent une liste à
M. de Lamartine.

M. de Lamartine fait un geste de la main.

« Attendez ! Ce gouvernement provisoire
» aura pour mission, selon moi, pour pre-
» mière et grande mission, d'établir la trêve
» indispensable et la paix publique entre les
» citoyens; deuxièmement, préparer à l'in-
» stant les mesures nécessaires pour convo-
» quer le pays tout entier et pour le consulter,
» pour consulter la garde nationale tout en-
» tière, le pays tout entier, tout ce qui porte
» dans son titre d'homme, les droits du ci-
» toyen.

» Un dernier mot :

» Les pouvoirs qui se sont succédé depuis
» cinquante..... »

M. de Lamartine n'a pas le temps d'achever sa phrase; une salve de coups de fusil éclate dans les corridors; les portes tombent à coups de crosse, et les combattants armés, conduits par M. Marrast, se précipitent dans les tribunes qui font face à la tribune des journalistes : ils arrivent enivrés de l'odeur de la poudre et de l'ardeur du combat. Quelques-uns tiennent à la main des shakos, des souliers sanglants arrachés aux cadavres des municipaux qu'ils ont tués. Le premier aspect de la chambre leur donne le vertige. Ils croyaient entrer de plain pied dans une salle, et ils plongent du regard dans ce gouffre circulaire qui forme l'intérieur de la chambre des députés.

Un d'eux se penche sur la rampe et ajuste le président. Un autre homme placé derrière lui relève aussitôt le canon du fusil.

M. Sauzet se dérobe sous son bureau. Les députés des centres quittent leurs banquettes;

un seul reste courageusement assis à sa place,
c'est M. Emmanuel Lascases. On entoure la
duchesse d'Orléans, on l'emmène, on la pousse
vers la porte.

L'homme penché sur la rampe voyant re-
luire, au milieu du groupe de l'escorte, les
épaulettes du duc de Nemours, ajuste de nouveau dans cette direction.

L'arme est encore relevée.

La duchesse d'Orléans est entraînée dans
le couloir, au milieu d'un flux et d'un reflux
du peuple armé qui tourbillonne en sens contraire; elle est jetée par un choc d'une irrésistible impulsion sur la porte vitrée de la
salle des Pas-Perdus, passe au travers, et va,
portée par la même vague, tomber suffoquée,
à moitié évanouie, auprès de la porte qui conduit dans le jardin de la présidence.

On lui ouvre précipitamment cette porte.
On lui jette le comte de Paris, et on referme
l'espagnolette.

Le comte de Chartres est resté étendu dans le couloir, sous les pieds de la multitude. Un huissier le relève et l'emmène dans son logement.

Le duc de Nemours s'est réfugié dans un bureau de la chambre, il y passe la nuit, et le lendemain il se retire en uniforme de garde national.

§ XXXIV.

La séance de la chambre des députés était levée; mais le peuple, un certain nombre de gardes nationaux et de députés restent dans la salle.

M. Dupont (de l'Eure) monte au fauteuil, et au milieu d'interpellations, de cris, de murmures qui partent de tous les côtés, se croisent, se répondent, se repoussent, il proclame les noms des membres du gouvernement provisoire. Ces noms sont votés d'acclamation.

Ce sont : MM. Dupont (de l'Eure), Arago,

Lamartine, Ledru-Rollin, Garnier-Pagès,
Marie, Crémieux.

Quand ces noms sont votés, une voix
crie :

— Il faut conduire le gouvernement provisoire à l'hôtel de ville. Nous voulons un
gouvernement sage, modéré; pas de sang;
pas de réactions.

— A l'hôtel de ville, répond une autre
voix, Lamartine en tête.

M. Lamartine sort de la chambre accom-
pagné d'un grand nombre de citoyens.

Un jeune homme monte sur le marbre de
la tribune en brandissant une arme, et crie:
« *Partons pour l'hôtel de ville !* »

— Plus de liste civile! répond une seconde
voix.

Un autre jeune homme montre du doigt le
tableau qui représente le serment de Louis-
Philippe à la charte.

Un autre, armé d'un fusil double, qui se trouve dans l'hémicycle, s'écrie : *Attendez ! je vais tirer sur Louis-Philippe.* Au même instant un coup de feu éclate : la balle a frappé le portrait droit au cœur, au milieu du grand cordon.

Un autre ouvrier s'élance immédiatement à la tribune, et prononce ces mots :

— Respect aux monuments! respect aux propriétés! Pourquoi détruire? pourquoi tirer des coups de fusil sur ces tableaux? Nous avons montré qu'il ne faut pas mal mener le peuple; montrons maintenant que le peuple sait respecter les monuments et honorer sa victoire!

Ces paroles, prononcées avec énergie et une véritable éloquence, sont couvertes d'applaudissements.

On s'empresse autour de cet ouvrier, et on lui demande son nom. Il déclare se nommer Théodore Six, ouvrier tapissier.

§ XXXV.

Le nouveau gouvernement s'était mis en marche pour l'hôtel de ville.

On raconte qu'à l'instant où la chambre des députés discutait la question de la régence, une jeune fille parut devant le palais Bourbon, à cheval, tenant à la main un drapeau rouge, où était écrit : *Vive la République !*

C'était en effet ce nom de république jusqu'alors sous-entendu et apporté par la Jeanne d'Arc inconnue du peuple, que le gouvernement provisoire allait proclamer au palais de toutes les révolutions. Le gouvernement suivait les quais à pied, en tête du peuple qui lui faisait escorte. Lorsque le cortège fut arrivé devant la caserne du quai d'Orsay, où le régiment de dragons venait de se retirer, un sourd frémissement passa sur la foule armée, dont la fibre irritée palpitait encore des émotions du combat.

Lamartine s'arrêta. Il se fit ouvrir la porte

de la caserne et apporter une bouteille.

Un dragon lui versa un verre de vin, Lamartine y trempa les lèvres, et levant le verre au-dessus de sa tête, il s'écria :

— Amis, voici le banquet.

Et peuple et soldats fraternisèrent dans cette pensée de banquet qui avait amené et qui maintenant inaugurait la révolution.

Après cette communion en plein air, le gouvernement provisoire continua sa route; le peuple était déjà maître de l'hôtel de ville, et avait traîné devant la grille quatre pièces de canon. La place était fermée par de fortes barricades et parsemée de cadavres de chevaux. La foule compacte et houleuse bouillonnait dans cet espace resserré, brisait sur le perron de l'hôtel de ville, et s'engouffrait avec des cris confus par la grande porte d'entrée. Dans la première cour intérieure, des chevaux enlevés à la cavalerie, encore sellés et bridés, mais effarés et libres, hennissaien t et se cabraient aux détonations des armes que les combattants déchargeaient, sous les voûtes des galeries.

Le gouvernement traversa gravement cette mer agitée, mais lorsqu'il eut pénétré sous le péristyle, il dut s'arrêter. Un spectacle formidable et imposant se déroulait devant ses regards : il y avait à droite et à gauche, sur la double rampe qui conduit au premier étage, plusieurs gradins de peuple armé, amoncelé, échelonné, inquiet, fiévreux, tumultueux, agité d'un double mouvement en sens inverse par le courant qui montait et le contre-courant qui descendait. Il essaya de refouler cette masse suspendue au-dessus de sa tête, et porté en quelque sorte sur un pavois confus et entrechoqué de piques, de lances et de baïonnettes, il parvint jusqu'à une des grandes salles de l'hôtel de ville.

La foule y était déjà entassée, et, frémissante d'émotions diverses, elle s'occupait à nommer aussi un gouvernement provisoire. Des orateurs improvisés, montés sur une table, le pistolet à la main, lançaient des noms à la multitude, et la multitude les recevait, les ballottait et les rejetait dans son perpétuel mouvement de fluctuation.

Quatre gouvernements provisoires se constituaient à la même heure dans Paris. Le premier à la chambre des députés ; nous le connaissons. Le second dans les bureaux du *National*. Là une portion du parti républicain, réunie sous la présidence de M. Sarrans, jetait par la fenêtre, les noms à la multitude. Chaque nomination était précédée d'un roulement de tambour, et le peuple acclamait.

Une autre portion des combattants, réunie à l'hôtel de ville, élisait un troisième pouvoir, et l'armée des sectionnaires des droits de l'homme organisait une sorte de commune à la préfecture de police.

Ces quatre gouvernements nommés à la même heure, vinrent se heurter à l'hôtel de ville, et, après quelques instants de tournoiement, de lutte et d'hésitation, se confondre en un seul gouvernement.

Il fallut voter de nouveau les noms, peser

et balancer les titres de patriotisme, de sorte que le gouvernement provisoire déjà nommé à la chambre des députés, passé à ce second crible d'une élection qui se trouvait ainsi d'esprit, de cœur et de fait, presque entièrement renouvelée, personnifiait véritablement l'opinion armée de la révolution.

Ces fractions diverses qui étaient venues s'incorporer l'une à l'autre, représentaient d'ailleurs en réalité toutes les nuances, toutes les tendances, toutes les traditions, tous les désintéressements, toutes les forces vives de la République.

Il se composait des membres que voici :

Dupont de l'Eure, président, le doyen du patriotisme en France, qui portait sur sa tête blanchie et inclinée vers sa poitrine quatre-vingts années de vertus.

Lamartine, qui, par une prodigalité unique de la Providence, devait emporter dans l'immensité de sa gloire quatre génies à la fois, celui de poëte, d'historien, d'orateur et d'homme d'État; étoile aux quatre rayons.

Arago, qui, plein d'années, couvert d'applaudissements et d'illustration, venait mettre la couronne de son nom sur le front de la jeune République.

Marie, caractère intègre, intelligence antique par le stoïcisme de ses convictions et la fermeté de son éloquence; homme des plus hautes pensées et des plus grands dévouements.

Crémieux, parole ardente, facile, incisive, qui enlève les cœurs et domine les tumultes.

Ledru-Rollin, poitrine de tribun, toute vibrante de sourdes tempêtes, qui enferme en elle tous les frémissements d'une révolution.

Armand Marrast, qui recouvre des richesses les plus éblouissantes de l'improvisation écrite, le génie de la politique et la science de l'économie.

Garnier-Pagès, qui, sous ses longs cheveux,
sa figure pâle, douce et souffrante, abrite la
droiture de la pensée et l'énergie de la résolution.

Louis Blanc, historien et philosophe de
la République, qui met l'idée au service d'un
sentiment, et qui, par ses travaux de socia-
lisme, était naturellement amené à prendre
place dans une révolution chargée de tra-
duire en institutions sociales les principes de
l'Évangile.

Albert, ouvrier, qui, par ses écrits entre
deux coups de lime, a montré quels trésors
de bon sens, d'amour et d'idées, dorment
sous toutes les couches de la société.

Flocon, qui, comme Ulric de Hutten, com-
battait le grand combat de la parole, de la
plume à la fois et de l'épée, journaliste et soldat, qui parle du haut de la barricade.

Après leur lente et laborieuse fusion, les
membres du gouvernement provisoire vou-
lurent se retirer à l'écart pour se constituer,

délibérer, aviser à la défense de Paris dans le cas d'un retour d'offensive de la part de la monarchie.

Mais à deux pas de la salle, où dix hommes, suscités du fond de l'événement par la Providence même du peuple, et unis d'actes, d'instinct, de cœur, venaient s'offrir en immolation au salut de la patrie, pour régulariser, organiser, consolider la victoire, un millier d'hommes inquiets sur un pouvoir qu'ils n'avaient pas nommé, ni approuvé ou reconnu, s'étaient emparés d'une des plus vastes salles de l'hôtel de ville, et à côté du gouvernement qui fonctionnait déjà, agitaient la nomination d'un nouveau gouvernement. On eût dit que chaque flot qui expirait à l'hôtel de ville venait y vomir une nouvelle élection. C'était la révolution indéfiniment prolongée : la dictature emportée sans cesse par une autre dictature.

M. Lamartine s'offrit pour conjurer le danger ; il entra dans cette salle volcanisée et travaillée de mille passions, et porté à bras d'hommes, il put enfin dominer cette scène de tumulte.

Il planait sur une multitude convulsive et mugissante, bizarrement entremêlée de drapeaux rouges et de torches, — sombre cratère d'où les imprécations montaient avec des flots de fumée : des lampes brûlaient sous les pieds de l'orateur et l'enveloppaient tout entier comme d'une vaste auréole.

Il attendit longtemps le silence.

Il put enfin parler, et dans un discours qui ne dura pas moins d'une demi-heure, il mania la foule, la calma, et la laissant ensuite derrière lui murmurante et endormie, il rentra dans la salle du gouvernement reporté en triomphe sur les bras des combattants.

Mais la salle est envahie par ce peuple, toujours fébrile, toujours défiant, qui semble vouloir assister aux délibérations.

Le gouvernement lève la séance, et chassé de corridor en corridor, il monte au second étage, dans une pièce obscure, étroite, reléguée au bout d'un couloir. Il est encore poursuivi, mais préservé de l'envahissement par une antichambre, où deux portes s'ouvrant en sens contraire, ne permettent plus à la multitude engagée, accumulée et emprisonnée, de reculer ni d'avancer. Alors le gouvernement, gardé par cette colonne de peuple qui pèse sur la porte de tout son poids et la maintient fermée, peut s'asseoir autour d'une humble table et prendre possession de sa souveraineté.

Il frappe alors successivement et coup sur coup les premiers décrets de la République.

La nuit est avancée, l'agitation diminue ; l'hôtel de ville s'apaise : on y entend plus distinctement le bruit des patrouilles, la voix des sentinelles, la chute des crosses de fusils sur les planchers. Les premières heures de la République, jusqu'alors étouffées par la voix de l'insurrection, sonnent dans un demi-silence. Un siècle avait marché dans un tour de cadran.

Pendant ce temps, dix dictateurs, investis de la dictature du dévouement et du patriotisme, jetaient sur le papier, du haut d'une mansarde, la parole de la révolution. Depuis le matin ils n'avaient encore pris aucune nourriture. Un homme du peuple leur apporta par le guichet d'une porte de derrière un seau d'eau et un pain de munition. Un sucrier brisé leur servit de coupe; et les dix burent à la ronde. Pendant que la foule, maîtresse des Tuileries, s'asseyait aux tables et vidait les vins de la royauté, son gouvernement inaugurait la révolution du peuple dans cette Pàque nocturne, en rompant le pain et en buvant l'eau du peuple.

Les dix se remirent ensuite au travail, et travaillèrent jusqu'au matin. Lorsqu'un d'eux se trouvait trop accablé par les fatigues de la journée, il allait s'étendre quelques instants sur le parquet, et revenait reprendre la délibération.

Le lendemain quelqu'un s'étant approché de Lamartine lui demanda : Que faites-vous?

— Nous remuons le monde, répondit Lamartine.

§ XXXVI.

Le lendemain, c'était la victoire, mais l'inquiétude dans la victoire. Les nerfs du peuple étaient toujours ébranlés de cette vaste commotion. Les armes n'étaient pas posées. Vincennes était occupé. Les barricades étaient encore debout et gardées. Quelques-unes même avec du canon. Le drapeau rouge flottait sur ces remparts improvisés de l'insurrection. La foule allait et venait, le long des quais, avec une agitation fébrile, qui s'évaporait en chants patriotiques et en coups de fusil. La ville tout entière petillait du bruit des armes que des combattants déchargeaient de tous les côtés; une perpétuelle odeur de poudre flottait dans l'atmosphère, qui–vive irréfléchi sans doute, mais qui pouvait avoir encore son utilité. Toutes ces détonations couvraient Paris d'un nuage de fumée, et donnaient à cette matinée de vendredi, triste et sombre en elle-même, une physionomie plus triste et plus sombre encore.

Des groupes nombreux parcouraient les

11

rues. Ils se faisaient ouvrir les maisons et livrer des armes et se retiraient en écrivant à la craie sur la porte : *armes prêtées.*

De temps à autres des brancards passaient escortés par des hommes qui criaient d'une voix grave :

— Honneur aux blessés !

et tous les chapeaux tombaient devant l'héroïque martyr de la liberté.

Cependant toute cette agitation, toute cette inquiétude, toute cette fièvre de défiance, de nouvelles et de contre-nouvelles, toute cette secousse d'hommes, de choses et d'événements étaient venues se répercuter de bonne heure, sur la place de l'Hôtel-de-Ville; les mots sourds de trahison y étaient déjà murmurés. Le gouvernement provisoire n'avait voulu accepter la république que sous la réserve des droits de la France, qui devait être appelée comme Paris et avec Paris à proclamer la forme de son gouvernement. Quelques hommes, la tête embrasée du feu

de la révolution, ne considéraient cet appel
au peuple que comme un ajournement, et
l'ajournement comme l'abandon de la république. Les soupçons à voix basse éclatent en
cris contre le gouvernement. Le peuple force
les consignes, se précipite dans les escaliers
et vient heurter la porte des délibérations.
Deux membres seulement étaient présents :
Marie et Lamartine; les autres avaient cédé
aux fatigues de l'insomnie.

Lamartine se dévoue à la colère de l'émeute.
Il ouvre la porte. Une explosion de cris, de
murmures, de trépignements accueille son
apparition.

Il se croise les bras sur la poitrine et regarde, sans pâlir, le flot de peuple, de sabres
et de baïonnettes.

« Eh quoi ! citoyens, leur dit-il, si on
» vous avait dit, il y a trois jours, que vous
» auriez renversé le trône, détruit l'oligar-
» chie, obtenu le suffrage universel au nom
» du titre d'homme, conquis tous les droits du
» citoyen, fondé enfin la République ! Cette

» république, le rève lointain de ceux même
» qui sentaient son nom caché dans les der-
» niers replis de leur conscience comme un
» crime! Et quelle république? Non plus une
» république comme celle de la Grèce ou de
» Rome, renfermant des aristocrates et des
» plébéiens, des maîtres et des esclaves! Non
» pas une république comme les républiques
» aristocratiques des temps modernes ren-
» fermant des citoyens et des prolétaires,
» des grands et des petits devant la loi, un
» peuple et un patriciat! mais une république
» égalitaire où il n'y a plus ni aristocratie,
» ni oligarchie, ni grands, ni petits, ni pa-
» triciens, ni plébéiens, ni maîtres, ni ilotes
» devant la loi; où il n'y a qu'un seul peuple
» composé de l'universalité des citoyens et
» où le droit et le pouvoir public ne se com-
» posent que du droit et du vote de chaque
» individu dont la nation se compose, venant
» se résumer en un seul pouvoir collectif ap-
» pelé le gouvernement de la république et
» retournant en lois, en institutions popu-
» laires, en bienfaits à ce peuple d'où il est
» émané?

» Si l'on vous avait dit tout cela il y a trois
» jours, vous auriez refusé de le croire! Vous
» auriez dit : Trois jours, il faut trois siècles
» pour accomplir une œuvre pareille au pro-
» fit de l'humanité (acclamations).

» Eh bien! ce que vous auriez déclaré im-
» possible est accompli! Voilà notre œuvre
» au milieu de ce tumulte, de ces armes, de
» ces cadavres de vos martyrs, et vous mur-
» murez contre Dieu et contre nous? »

— « Non, non s'écrièrent plusieurs voix. »

— « Ah! vous seriez indignes de ces dons du
» Ciel, répond Lamartine, si vous ne saviez
» pas les contempler et les reconnaître!

» Que vous demandons-nous pour achever
» notre œuvre? Sont-ce des années? non;
» des mois? non; des semaines? non; des
» jours seulement! Encore deux ou trois
» jours et votre victoire sera écrite, acceptée,
» assurée, organisée, de manière à ce qu'au-
» cune tyrannie, excepté la tyrannie de vos
» propres impatiences, ne puisse l'arracher

» de vos mains! Et vous nous refuseriez ces
» jours! ces heures! ce calme! ces minutes!
» Et vous étoufferiez la république née de
» votre sang dans son berceau!

» — Non, non, non, s'écrièrent de nouveau
» cent voix, confiance, confiance. Allons
» éclairer et rassurer nos frères! Vive le gou-
» vernement provisoire! vive la république!
» vive Lamartine! »

A ces mots un blessé tombe évanoui aux
pieds de l'orateur; la foule se baisse pour le
relever; le banc sur lequel M. de Lamartine
parlait s'écroule, il est soutenu par les bras
de deux blessés. La foule s'ébranle et entraine
par son reflux, dans les salles et sur les escaliers, l'innombrable armée du peuple. Le
gouvernement provisoire délivré rentre en
séance et continue de signer ses décrets.

Un moment après les portes sont enfoncées
de nouveau par une nouvelle colonne de
peuple qui demande l'ordre d'aller à Vincennes prendre les quatre-vingt mille fusils et
d'arborer le drapeau rouge.

Ce sont les combattants de la veille, cou-
verts de la boue des barricades. Quelques-uns
sont blessés, plusieurs ont dépecé des chevaux tués sur la place et en portent les lambeaux au bout de leurs baïonnettes.

A leurs pieds, dans la salle du trône, deux
rangées de cadavres gisent sur une litière
de paille. Ce spectacle semble surexciter la
colère des assaillants.

Lamartine tente un dernier effort pour les
arrêter et les repousser; mais à peine a-t-il
paru qu'un sourd cliquetis d'armes bat les
murailles, les sabres sont levés sur sa tête,
un jeune homme lui pose un pistolet sur la
figure.

Lamartine demeure impassible; son attitude commande le silence.

« Citoyens, s'écrie-t-il, je vous ai parlé en
» citoyen tout à l'heure, eh bien! maintenant
» écoutez en moi votre ministre des affaires
» étrangères. Si vous m'enlevez le drapeau
» tricolore, sachez-le bien, vous m'enlevez la

» moitié de la force extérieure de la France !
» car l'Europe ne connaît que le drapeau de
» ses défaites et de nos victoires, dans le dra-
» peau de la république et de l'empire. En
» voyant le drapeau rouge elle ne croira voir
» que le drapeau d'un parti ! C'est le drapeau
» de la France, c'est le drapeau de nos armées
» victorieuses, c'est le drapeau de nos triom-
» phes qu'il faut relever devant l'Europe. La
» France et le drapeau tricolore c'est une
» même pensée, un même prestige, une
» même terreur, au besoin, pour nos en-
» nemis !

   » Songez combien de sang il vous faudrait
» pour faire la renommée d'un autre dra-
» peau !

   » Le drapeau rouge, d'ailleurs, je ne l'a
» dopterai jamais, et je vais vous dire, dans
» un seul mot, pourquoi je m'y oppose de
» toutes les forces de mon patriotisme : c'est
» que le drapeau tricolore, citoyens, a fait
» le tour du monde avec la république et
» l'empire, avec vos libertés et vos gloires,
» et que le drapeau rouge n'a fait que le tour

» du Champ-de-Mars, traîné dans le sang du
» peuple. »

Cette magnifique péroraison souffle sur la
colère du peuple et l'emporte comme un grain
de poussière. Tous les visages sont désarmés
de leur expression de menace, tous les bras
détendus. Un des combattants qui entourent Lamartine, la joue déchirée d'une balle,
la chemise ouverte, la poitrine sanglante, se
jette dans les bras du grand citoyen et l'em-
brasse en pleurant.

Et quand Lamartine a reçu ce baiser de
martyr, teint d'une goutte de sang, il étend
les bras et s'écrie : « O mes amis ! vous ne sau-
rez jamais quels abîmes d'affection j'ai là pour
vous ; que n'ai-je les bras assez grands pour
presser tant de peuple sur ma poitrine ! »

Ce fut le dernier bouillonnement de l'agitation populaire qui vint mourir à cette heure
aux pieds de Lamartine. La foule se retira
encore et arrêta elle-même, au milieu des
coups de fusil, l'armée innombrable qui allait vider l'arsenal de Vincennes. Le citoyen

Flocon alla chercher la soumission de la citadelle. La garnison reconnut la république ;
une collision allait cependant éclater, lorsque
le capitaine d'artillerie Tamisier, puisant dans
les inspirations des doctrines sociales dont il
est un des apôtres, des paroles vibrantes d'a-
mour, de charité, d'onction, parvint à rame-
ner pacifiquement le peuple à la place de la
Bastille.

Il faut bien le reconnaître, jamais Dieu
n'ouvrit plus de cœurs aux bonnes paroles
que dans cette journée. Il y avait partout je
ne sais quoi de religieux. Dieu s'inclinait sur
le berceau de la république.

Lorsque revenant ce soir-là de l'hôtel de
ville, la tête toute retentissante des grandes
scènes dons je venais d'être témoin, je pas-
sai devant Saint-Germain-l'Auxerrois, je ren-
contrai un ouvrier en blouse et en casquette,
grand, jeune, vigoureux, qui portait deux
pistolets à la ceinture, une carabine sur l'é-
paule et montait la garde devant le portail
de l'église.

—Vive Dieu, cria-t-il, car sans Dieu, pas de peuple.

Cet homme venait de dire le mot de la dernière révolution.

Révolution sociale et religieuse, qui devait introniser la fraternité en France et la paix en Europe.

CHAPITRE VI.

CONCLUSION.

———

§ XXXVII.

Les grandes journées de la révolution étaient finies. Les poitrines étaient dégagées, les âmes détendues. La République se leva souriante dans les bras du peuple. Elle ne tenait plus la pique, elle tenait le globe; elle ne venait pas seulement de la rue, elle venait du ciel; elle ne portait pas sa première coiffure tombée dans le sang, elle portait la couronne d'étoiles. Son regard doux et penseur plongeait dans l'horizon. Elle nous venait des régions bénies où elle s'était réfugiée, attendant son jour, — non plus les mains pleines de tempêtes, mais les mains pleines d'idées. Son premier mot fut un mot de pardon. Elle parla comme l'Évangile.

Trop de victimes dormaient à ses pieds, pour que dans bien des poitrines meurtries, l'esprit de vengeance ne vînt pas à murmurer. Elle se leva dans sa robe sans tache, elle étendit sa main sur les coupables, et la première dans le monde, sur la première page de son code, elle décréta la magnanimité.

« Le gouvernement provisoire, convaincu » que la grandeur d'âme est la suprême po- » litique, et que chaque révolution opérée par » le peuple français doit au monde la consé- » cration d'une vérité philosophique de plus ;

» Considérant qu'il n'y a pas de plus su- » blime principe que l'inviolabilité de la vie » humaine ;

» Considérant que dans les mémorables » journées où nous sommes, le gouverne- » ment provisoire a constaté avec orgueil que » pas un cri de vengeance ou de mort n'est » sorti de la bouche du peuple ;

» Déclare :

» Que dans sa pensée la peine de mort est

» abolie en matière politique, et qu'il pré-
» sentera ce vœu à la ratification définitive
» de l'Assemblée nationale. »

La législation essayait pour la première
fois une langue inconnue. Elle parlait au
nom du cœur, au nom du peuple, au nom
de la philosophie. Elle parlait de plus haut
encore : au nom de cette religion flottante
sur les âmes, uniquement symbolisée dans les
grands sentiments. Aussi, en lisant ce décret
au peuple, Lamartine put ajouter avec un
accent véritablement religieux :

« Il n'y a pas de plus digne hommage à
» offrir à un peuple tel que vous, que le spec-
» tacle de sa magnanimité.

» C'est là, citoyens, ce qui fera descendre
» du Ciel la bénédiction dont les œuvres des
» hommes ont besoin pour être éternelles. »

Jusqu'alors un nuage bas et lourd avait
pesé sur Paris. Un grand coup de tonnerre
le brisa. La ville frémit, la pluie tomba à
torrents ; un vent d'ouest s'éleva, qui balaya
dans la soirée les derniers lambeaux des

nuages. Le soleil se coucha dans une atmosphère de limpidité, et la nuit s'illumina de
toutes ses étoiles. Il semblait écrit, jusque
dans les actes de la nature, qu'aucune poésie
ne devait manquer à la glorieuse mise en
scène de la révolution.

Peu de jours après, un vieillard passait à
Honfleur sous le nom de Durand, conduit en
cabriolet par un fermier. Pendant une se-
maine il erra sur toute la côte, chassé par
des douaniers et cherchant une barque pour
passer le détroit. Un violent coup de vent ré-
gnait sur la Manche, et nulle part il ne pouvait s'embarquer. Il avait abandonné sa famille pour mieux fuir, et toute sa famille dis-
persée errait, comme à l'aventure, sur une
grève de vingt lieues. Ce vieillard était Louis-
Philippe. Il courait sous le poids de je ne
sais quelle réprobation, la tête fouettée des
vents de mer, le long d'une plage déserte,
appelant vainement une voile à l'horizon,
chassé par la tempête du peuple, repoussé par
la tempête du Ciel.

Cette fuite n'est-elle pas toute une expia-

tion? Un bateau à vapeur anglais parvint cependant à le recueillir, et le dernier roi quitta
le sol de la France.

§ XXXVIII.

Nous venons de raconter le plus grand événement qui ait ébranlé les âmes depuis le
jour où le Christ, en penchant la tête sur la
croix, brisa le vieux monde.

Dieu, qui ne parle à la terre que par les
événements, n'a jamais plus manifestement
parlé que dans cette révolution. On cherche
vainement à les nommer d'un nom propre,
tout nom propre disparaît devant ce coup
d'État du Ciel, salué d'un coup de tonnerre.

Nous aurions cru manquer à l'esprit de cette
révolution, qui fut surtout la générosité, si
nous avions ramassé la pierre de scandale pour
la jeter aux vaincus. Les vaincus! nous n'en
connaissons même plus, nous avons désormais
effacé ce mot de la langue de la démocratie.
Les balles de février ont brisé tous les anciens
partis, toutes les anciennes querelles, toutes
les anciennes dissidences. Nous tombons tous

du haut de nos rêves, de nos inquiétudes, ou de nos préjugés, dans les bras de la nation.

Vous n'étiez pas allés à la République, la République est venue à vous. Elle vous épargne la moitié du chemin. Soyez-en reconnaissants. Marchez avec elle et comme elle, la joie dans le cœur, son hymne sur la lèvre, à la conquête de ses grandes destinées.

Nous nous sentons, quant à nous, humble serviteur de l'idée, ému d'un religieux tressaillement, en contemplant ce merveilleux spectacle de rédemption. Rédemption de doctrine, rédemption de souffrance, rédemption de misère; et nous remercions la Providence de nous avoir, dans la trame universelle des existences, donné de vivre à ces jours de bénédiction qu'aucun n'aura vus en vain et pour l'élévation de ses idées et pour la générosité de ses sentiments.

Oui, grands et petits, avancés ou atardés sur le chemin de l'idée, nous avons tous appris, tous grandi dans cette révolution. Quand la lumière se fait, les yeux voient plus loin; et qui donc oserait dire qu'une immense lumière ne vient pas d'éclater dans les intelligences?

Cette République a un caractère inconnu.
Si nous voulons bien la juger, descendons
dans nos cœurs et non dans nos souvenirs.
Aucune histoire n'en saurait donner la mesure. Voyez plutôt. Aux peuples elle dit :
Paix ; aux hommes elle dit : Amour. Son premier mot à l'Europe a été celui-ci :

« La République a traversé de son premier
» pas l'ère des proscriptions et des dictatures ;
» elle est décidée à ne jamais voiler la liberté
» au dedans ; elle est décidée également à ne ja-
» mais voiler son principe démocratique au
» dehors. Elle ne laissera mettre la main de
» personne entre le rayonnement pacifique de
» sa liberté et le regard des peuples. Elle se
» proclame l'alliée intellectuelle et cordiale de
» tous les droits, de tous les progrès, de tous
» les développements légitimes d'institutions
» des nations qui veulent vivre du même prin-
» cipe que le sien. Elle ne fera pas de propa-
» gande sourde ou incendiaire chez ses voisins ;
» elle sait qu'il n'y a de libertés durables que
» celles qui naissent d'elles-mêmes sur leur

» propre sol. Mais elle exercera, par la lueur
» de ses idées, par le spectacle d'ordre et de
» paix qu'elle espère donner au monde, le seul
» et honnête prosélytisme : le prosélytisme de
» l'estime et de la sympathie. Ce n'est point là
» la guerre, c'est la nature. Ce n'est point là
» l'agitation de l'Europe, c'est la vie. Ce n'est
» point là incendier le monde, c'est briller de
» sa place sur l'horizon des peuples pour les
» devancer et les guider à la fois. »

Qu'est-il arrivé à la suite de cet admirable
manifeste où l'âme de Lamartine s'est épan-
chée tout entière ?

Il est arrivé que les peuples ne se voyant
plus menacés, inquiétés ou attaqués dans la
fibre la plus sensible, la plus noble et la plus
irritable, — leur nationalité, — ont applaudi
à notre révolution, et qu'au lieu de s'associer
à leurs gouvernements contre nos principes,
ils se sont associés à nos principes contre
leurs gouvernements. Sans atteler un canon,
sans verser une goutte de sang, sans froisser
un orgueil, sans humilier un drapeau, sans
fouler un épi, notre révolution a déjà fait son
entrée dans les grandes capitales de l'Europe.

Les temps promis sont venus. On se rap-
pelle qu'il y a deux ans, par une nuit d'hi-
ver, une flamme mystérieuse courut sur la
chaîne des Apennins — éclair de deux cents
lieues, palpitant sur le cœur de tout une nation. Or savez-vous ce qu'écrivait ce doigt
de feu sur cette page de la nuit semée d'é-
toiles ? Il écrivait : Délivrance de l'Europe, et
l'Italie, la Suisse, la France se sont levées les
premières. Et quand la France s'est trouvée
debout, les derniers spectres du passé ont
fondu au seul rayonnement de son regard.
A Vienne, la jeunesse a brisé dans les mains
d'un vieillard l'épée de l'absolutisme, et en
a rejeté loin de lui les derniers tronçons. A
Berlin, le peuple si dévoué à ses rois est entré après un long combat jusque dans le palais. Frédéric-Guillaume a voulu haranguer
les vainqueurs du haut d'un balcon, mais
les vainqueurs l'ont forcé à descendre dans
la cour du palais; ils lui ont apporté des cadavres; ils lui ont pris la main, et, la posant
sur les blessures ouvertes de leurs frères, ils
lui ont dit : Là étaient des cœurs qui battaient
pour toi, et maintenant ils ne battent plus.
Et après ces paroles Frédéric a pu remonter

dans son palais. La révolution lui faisait grâce.

Attendez encore quelque temps à l'horloge des peuples, et la République ne sera plus qu'une seule institution traduite en vingt langues; et pourquoi? parce que la République française, la première née parmi les grandes nations au soleil de l'Europe, a dit paix au lieu de guerre, fraternité au lieu de suprématie. Elle a ouvert les bras, et les peuples s'y sont jetés.

Appliquons, en France, aux hommes inquiets et désemparés de leurs premières croyances la même politique d'attraction. Disons bien haut, montrons plus haut encore par nos actes, que la République n'est pas exclusion, substitution, interversion de prépondérance, mais qu'elle est fraternité, union, harmonie; qu'elle prêche, comme elle l'a fait jusqu'à ce jour, uniquement dans nos âmes, par ses exemples, ses décrets, ses vertus, et nous en jurons par le Dieu d'amour qui consumera bientôt toutes les lèvres; il n'y aura plus d'ici à quelques années ni haines, ni défiances, ni discordes. On n'entendra plus que comme une plainte à voix basse

parmi les feuilles sèches des roseaux : — ce
sera l'ombre des vieux partis qui s'évanouira.

Le monde est en marche. Marchons donc,
et ne regardons pas à la semelle de nos souliers quel genre de poussière nous avons
traversé avant d'arriver au grand jour de la
révolution. Quand le chritianisme parut, on
ne fut plus romain, grec, juif, ou gentil, on
fut chrétien. Toute existence, pourvu qu'elle
ait été dans le passé droite, honnête et loyale,
pourvu qu'elle compte une idée, un service,
une bonne action, n'a plus désormais qu'une
date, 1848, qu'une œuvre, l'œuvre de la
fraternité.

Que la priorité, sans doute, reste aux ré-
publicains de la veille. Cette priorité, ils l'ont
acquise par leur foi, leurs luttes, leurs souf-
frances. Qu'elle leur soit payée en gratitude,
en action, en confiance. Leur jour est venu.
Ils ont indiqué les premiers la manœuvre
qui devait sauver le vaisseau, la manœuvre
leur appartient.

Elle leur appartient, mais pour permettre

à tous les dévouements, à tous les cœurs, à
tous les esprits, de regagner le temps perdu
par voie d'émulation. Car le travail est immense, le temps presse. Car déjà frémit sous
nos doigts le second feuillet de la révolution
que nous avons à tourner. Or, qu'est-ce que
ce travail, si ce n'est de faire passer dans la
constitution les nouvelles générations d'idées
qui ont surgi depuis vingt ans, dans notre
pays; d'introduire dans les institutions de la
France la charité, l'égalité et la fraternité
que nous venons d'inscrire sur la pierre de
tous nos monuments; de distribuer, d'après
une mathématique plus aimante et plus équi-
table, les lumières, les richesses et les in.ˌtru-
ments de travail.

La République n'est plus à proclamer, ni à
discuter, ni à reconnaître. Elle est.

Elle est du même droit que le peuple dont
elle est l'expression.

Elle est, parce qu'elle est la justice, parce
qu'elle restitue à chacun son être complet,
parce que de celui qui n'était que l'homme de

son champ, de son atelier, de son travail,
elle en fait l'homme de sa commune, de sa
cité, de sa patrie; parce que désormais on ne
sera plus seulement Français sur un registre
de l'état civil, qu'on le sera encore partout
où la France agira, décrétera, parlera, car
tout citoyen aura par l'élection sa voix, sa
main, son cœur dans les conseils du pays.

Nous n'avons donc pas à nous occuper de
l'existence de la République,—elle est dans les
veines du peuple, elle n'en sortirait plus qu'avec
le sang du peuple, — mais bien de son organisation, de sa grandeur, de ses destinées. Ap-
portons-lui tous notre concours avec sincérité, car elle nous appelle tous avec confiance,
et dans cette minute solennelle, où cinq millions d'hommes vont se lever dans la majesté
de leur droit, descendons profondément dans
notre conscience avant de mettre la main
dans l'urne, et disons-nous tous, que ce qui
doit sortir de là, c'est l'harmonie de tous les
intérêts, c'est le crédit, c'est le travail, c'est
le bonheur de tous par tous, c'est enfin la
liberté, c'est l'égalité, c'est la fraternité.

FIN.

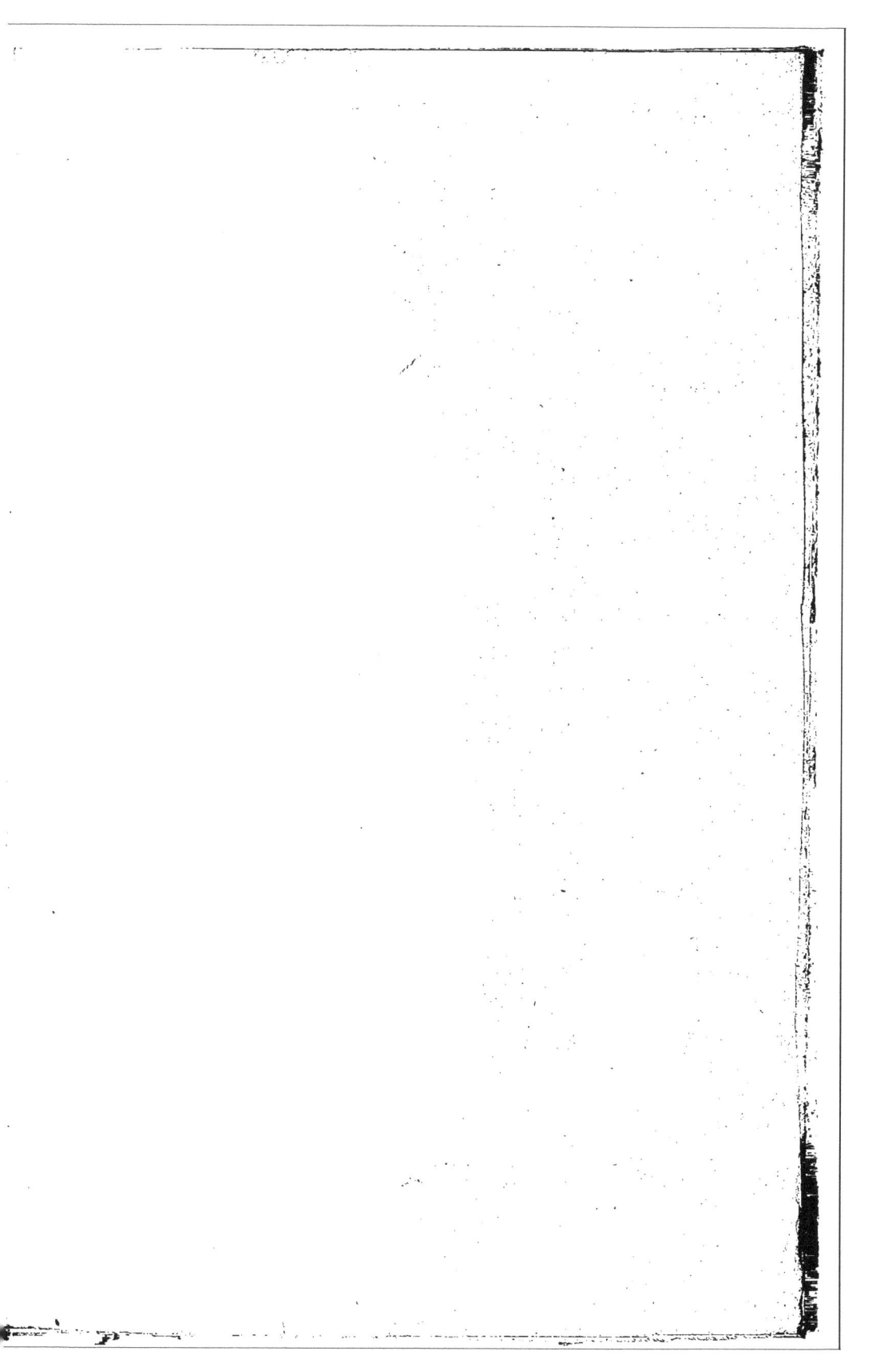

PARIS. — IMPRIMERIE DE FAIN ET THUNOT,

Rue Racine, 28, près de l'Odéon.

www.ingramcontent.com/pod-product-compliance
Lightning Source LLC
Chambersburg PA
CBHW071952090426
42740CB00011B/1907